50歳からラクになる人生の断捨離

やましたひでこ

祥伝社黄金文庫

本書は、二〇一三年四月に小社より単行本『50歳からラクになる 人生の断捨離』として刊行された作品を加筆・修正して文庫化したものです。

ブックデザイン――ヤマシタツトム

はじめに
――それは、一見、不要なモノを捨てていく行為だけど

《15年前の私に》

年末の断捨離で、凄《すご》いモノを発掘した。
それは仕事机の奥に眠っていた証明写真。
ケースからこぼれ落ちた写真には、なんだか生気《せいき》のないオバサンが写っていた。
全体的にどんよりとしたオーラが漂《ただよ》っている。
これ誰？　……とよくよく見たら、な、なんと15年前のワタクシ！
のっぺりした髪型、無難な服装、ナチュラルと言えば聞こえはいいが、とり

あえず塗ったただけのテキトーなメイク、インスタント写真の画像の粗さを差し引いても、魅力の欠片《かけら》も感じられない無表情な顔。

それになにより、目が死んでいる！　本当にこれが私？

自画自賛でホントに恐縮だが、15年の歳月を経た今のほうが、絶対若く見えるし、まだ鑑賞にも堪えうる。


いったいどうして、こんなに老け込んだのか？

確かに育児の真っ最中で、疲れていたのは否《いな》めない。

だが一番大きな理由は、エネルギー漏れだと思う。

毎日、毎日、無理難題を吹っかけてくる子どもたちとのガチンコ勝負。

どんなに頑張っても、母親の仕事はやって当たり前、誰も褒《ほ》めてはくれない。

あれもできない、これもできない、……制約だらけの中で、不満がどんどん増殖していった。社会から取り残されたような不安もある。

現在のように子育て支援が充実していなかったので、相談する相手もなく、日々、孤軍奮闘、とても孤独だった。

朝が来て、夜が来て、眠る……、毎日、その繰り返し。

そんな生活をしていたから、楽しいとか、うれしいとか、可愛いとかの感情も枯れていき、人生ってつまらない……と思っていた。

要・適・快を感じるセンサー「内在智《ないざいち》」にはサビがこびりつき、ただでさえ乏《とぼ》しいエネルギーがダダ漏れ状態だ。もちろん住まいを整える気力なんてない。

住まいは心の状態を反映するので、家も相当ぐちゃぐちゃだったはず。

もしタイムマシンがあるのなら、15年前に戻って、あの頃の私に断捨離のことを教えてあげたい……。詰まりまくった人生に流れを取り戻したかったら、簡単で誰にでも使えるツールがあること。

それは一見、不要なモノを捨てていく行為だけれど、同時進行で心の中も片づいていくこと。

自分にとって不要・不適・不快なモノを取り除くと、不思議と気持ちもすっきりして、ごきげんになれること。

流れがよみがえれば、想定外の素敵なモノ・コト・ヒトが自然に流れ込んでくること。

そして自分の人生には、何一つ無駄はないということ。

この写真の時点から、今に至るまでには、いろいろあった。

でもそのいろいろが私を変えた。

そして「人生、捨てたもんじゃない」……と言える自分になった。

八方塞《ふさ》がりで、絶望しているときにこそ、断捨離はその力を発揮する。

そんな断捨離という生き方のツールを、教えてあげたい……。あの頃の私に、そして……今、生き辛さを抱えている貴方に。

＊

ここに紹介させていただいたのは、ある50代はじめの女性の日記。

断捨離という片づけ術、いえ、片づけではあるけれど、ただの片づけにとどまらない、人生に劇的な変化をもたらす断捨離に取り組んだ主婦のお話。


そうですね、**断捨離とは、じつは生き方のツール。**

迷わず自分らしく生きるために。

することは、**ただ、要らないモノを、暮らしから取り除いていくだけ**のことなのだけど。


けれど、その要らないモノたちは、私たちにたくさんのことを教えてくれる。

なぜなら、今、目の前にあるモノたち、それは自分の思考や観念や感情の証拠品

として存在するのだから。

だけれどもまた、私たちは、その**要らないモノたちの存在にさえ気がつかないでいる。**

そう、目の前にありながら。そして、このほうが問題は大きい。知らず重たい荷物を背負い込んでいたら、すでに用をなさなくなった荷物を背負い込んでいたら、どうだろう。

断捨離は、それら人生を重たくしている荷物に気づき、その荷物を肩から下ろすことに自分で許可を出していくこと。もちろん、許可を出した後は、実際に下ろす行為は自らがしていく。誰かが下ろしてくれることを期待するわけでもなくて。

まずは、荷物の中身の点検からはじめてみましょうか。モノというカタチをしているからといって誤魔化《ごまか》されないようにして。そう、繰り返し点検していきますね、今の自分にとっての**不要なモノは負の思考、不適なモノは負の感覚、不快なモノは負の感性、**それぞれの証拠品であることを。

必要となれば、また、背負えばいいだけのこと。点検の後は、ずいぶんと軽くなっているはずでしょう。しかも、その荷物がお気に入りのものばかりとなっていたら、背負うことさえも愉《たの》しくなるものだから。

断捨離とは、人生の点検。自分の人生の問い直し。

断捨離とは、モノと向かい合って、自分と向かい合って、自分の人生を取り戻していくプロセス。

断捨離とは「新しい自分」に出逢うための人生の棚卸《たなおろし》。

さあ、あなたも一緒に断捨離をいかがでしょう?

40代から50代は、家族や仕事や自分の体調に変化が訪れる、人生の転換期。

だからこそ、女性にとって（そして男性にとっても）、50代が心浮き立つ人生のステージであることを。

なによりも、自分自身を信頼していくための断捨離を。

2章 モノが映し出す「自分の心」
——なぜ「捨てない」ではなく「捨てられない」なのか？

3章 なぜ、「いい人」ほど溜め込んでしまうのか？
——それは「知らず他人軸」かもしれない

4章 不安や思い込みから自由になる
──「観念」を断捨離する

5章 人間関係がつらいと思ったら
——「自分軸」を持とう

6章 断捨離で「自分人生」を手に入れる
――何が起こっても大丈夫な自分に

1章

新たな自分と出逢うために

――50歳から始まる「本当の自分」

1 断捨離は人生の片づけ

人生の新たなステージに踏み出す前に

できることなら、自分のことは、自分で始末をつけていきたいと思う。

でも、その始末の前には、なんであれ、人生を存分に愉《たの》しんで味わいつくしたいと思う。

「生前整理」という言葉があります。

自分の人生を自分で整理しておこうとする意図や意思が込められた言葉。

これから老いに向かっていく自分。老いを迎えるにあたって、なんらかの備えをしておこうということ。だから、この「整理」には「準備」という意味も含まれるのかと。

50代であるならば、まだまだ「生前整理」なんて先のこと。

とはいえ、これまでとは違う体の変化も感じはじめ、若さと確実に別れていく自分とともに「老い」が他人事《ひとごと》ではなくなってくる年代。必ずやってくる老いに対し、何をどう備えようとしているのか。あるいは備えようとする気持ちの中には、老いに対するどんな想定があるのか。そこのところを明確にしておいたほうが、同じ「整理」をするにしても、動機づけがずいぶんと違ってくるように思うのです。

老いた自分が周囲に、「迷惑をかけることのないように」。世話をかけて「申し訳ないことにならないように」。だから、できるかぎり今のうちに整理をしておきたい……。

もし、そう考えて「老前準備」に取り組もうとするのであるならば、それは、一見、もっともらしい理由ではあるけれど、なんだかうらさみしさがつきまとう。

なぜなら、そこには「老いとは他者に迷惑をかけるもの」「老いることは申し訳のない存在となること」という、知らず溜め込んだ負の観念がそこに見え隠れするから。


そう、老いとは、そんなイメージが先行するよう。けれどね、確かにもう若くはないけれど、確かに体力は落ちてきてはいるけれど、生命というものは、生きているかぎり躍動しているに違いない。その証拠に、心臓は鼓動し、呼吸という代謝は続いているのだから。老いとは、ただその命の躍動が、今とは違った質に変化することなのですよね、きっと。

だから、自分自身の命の躍動に対して、「迷惑」「申し訳なさ」というレッテルを張ることは、とても不遜《ふそん》なこと。

でもね、次のように考える「老前準備」だとしたら、それは、ずいぶんと素敵だとは思いませんか。

人生の新たなステージに踏み出す前に、今のステージを精一杯満喫しよう。満喫したら、きっちりと始末して卒業しよう。

そのためには、何が必要で、何が必要ないのかを見極めよう。何を手元に残し、何を手放したらいいのかを見定めよう。もちろん自分自身の選択決断で。

これが、50代の断捨離。それは、たまたま、モノの片づけ、モノの取捨選択から始まるのだけど、モノだけの要・不要にとどまらないのは、もう明らかなことですね。

加齢=老《ふ》ける?

ところで、加齢は、即《すなわ》ち老いなのか。老いは、即ち加齢からくるものなのか。

この思考や観念が、私たちのこれからの人生に色濃く影響することは覚えておきたい。

暦年齢《こよみ》を重ねることは、誰にでも等しく訪れることではあるけれど、それが、身体的な老化と精神的な老化とに等しく比例するとはかぎらないですね。年齢に負けずに溌剌《はつらつ》としている人はいくらでもいるし、その逆に、年齢以上に老け込んでいる人も大勢いるのだから。


私たちが、もう若くはないと感じるとき、その思いはどこからやってくるのか。

私たちが、まだまだ若いと感じるとき、その思いはどこからやってくるのか。

たぶんに比較となる基準がそこにあるはず。

身近に出現した若い女性との接触、今まで担っていた役割から退《しりぞ》かねばならなくなったとき、あるいは年齢的な若さのみが評価される状況や環境に身をおいた場合などは、自分の年齢ばかりが、心の中でクローズアップされてしまうのは仕方のないこと。

一方、若年者に、技術や技能で勝っていると感じたときは、自分を若く評価するのかもしれません。つまり、**すべては、自分の外的な状況と自分との比較で、私たちは揺れ動く**のですね。

もう歳だからと、無自覚に自分を縛ることもなく、同時にまた、まだまだ若いと、ことさらに自分を鼓舞することもない状態。もしも、そんな心境になれたとしたら、「加齢＝老ける」の観念の図式から自由になれると思うのです。なぜなら、そこは比較のない領域。今の自分をそのままに受け入れて、そのまま丸ごと愉しむことに焦点を合わせることができるから。

そうですね、**人生を「老い」という思考や観念で不必要に重たくすることはない**ですよね。

この観念を採用するのも採用しないのも自分次第。自分にとって大切にしたい思考観念のほうを意識して意図的に採用するのです。

人生をマラソンコースにたとえるならば、ランナーは身軽であればあるほど、アドバンテージがある。第一、重たい荷物を背にしたランナーなどありえないですよね。必要な補給は、コースの途中、そのときその場にちゃんと用意されている。だから、ランナーは安心してコースに出て走り出す。荷物を担《かつ》いだランナーは、そこへの信頼がないばかりに、すべてを背負っていなければと思い込むのです。身軽なランナーと、多くのモノを抱え込んだランナーと。その疲労の蓄積と消耗の度合にどれだけの差がでるかは明らかなこと。

断捨離では、こう考えます。その一番重たい荷物が、じつは、「加齢＝老ける」という思考だと。そして、それ以上に人生を重たくしている現実は、その思考にとらわれていることにさえ気がつかないでいることだと。

でもね、それに気がつくことはできるのです。その思考は、**必ず自分の身の回りに抱え込んでいるモノに現われているから。**そう、間違いなく現われているのです。

・人生が重たく感じられるのは「思考」にとらわれているから。
・そして、思考はモノに現われる。
・「加齢＝老ける」が一番厄介《やっかい》な思考！

断捨離は人生の片づけ、生き方のツール

身軽なマラソンランナーと、重装備のランナーと。その違いを、もっと考えてみましょうか。いったいその違いはどこから出てくるのかを。

これから走り出そうとする道、長い道程にはいったい何が待っているかはわかりませんね。諸々《もろもろ》の不測の事態に備えていろいろと準備したくなるのも無理からぬことです。

だけれど、この諸々の不測の事態の内容をどう想定しているかが、問題だとは思いませんか。

これから起こること、歳をとるとろくなことがないという、そう、これって「思い込み」ですよね。

そんな不安から、あれこれと準備を整えたのか、いえ、そうではなくて、これから何が起こるかわからないからこそ、あえて身軽に構えて希望に焦点を合わせようとしているのかどうか。

背負い込み、抱え込んだ荷物の中身は、「不安」なのか「希望」なのか、どちらに備えたものでしょう。いえ、もっと言えば、心の中に安心と信頼があれば、荷物など何も持たずに走り出すことができると思うのです。

ここで改めて整理しますね、私たち50代のライフステージを。

重装備で挑む、新たなライフステージ。
軽装備で軽やかに取り組む、新たなライフステージ。
装備にこだわらず歩みだす、新たなライフステージ。

どんな装備で50代のこれからを見据えているのか、まずは、自分の位置取りを確認してみる。それから、その位置取りを選んだ理由も検証してみるのです。どんな背景があって、私はこんな視点でいるのかを探っていくのは面白いもの。そして、もちろん、探った後にもう一度、これからのスタンスを意図的に選択決断していくのです。

どんな決断をしようと、それぞれの自由ですよね。だって、その結果は、それぞれ自分自身に返ってくるだけのことだから。マラソンのゴール地点での自分の状態となってね。

でも、返ってきた結果に、愚痴《ぐち》だけは言いたくないと思うのです。どうでしょう。

さあ、あなたは、どんな50代を生きたいのでしょう。ああ、私は、軽装備派と装備にこだわらない派の中間くらいかしら。いいえ、本当は、今までの何もかもを脱ぎ棄てて、新しくより自由なステージに飛び込みたいという想いも心の奥に隠れているよう。

だから、この本は、そんな人たちのために贈りたい。自分の決断で新たなライフステージに臨むために。そう、そんな仲間たちのために書きたいと。

自分の人生を重たくしている荷物、そこに隠れている思考や観念を解き明かして、それら自分を縛る諸々を捨てて手放すことに、自ら許可を出していくプロセス。もちろん、覚悟と勇気もいりますよ、それには。

断捨離とは、そんな人生の片づけなのです。

こういう話をする私自身、自分に許可を出せずにいた、苦しい40代がありました。

なぜ、断捨離が人生の片づけなのか。

なぜ、50代が新たなライフステージの入り口なのか。

私の、断捨離と紆《う》余《よ》曲《きょく》折《せつ》と気づきの話に、少々おつきあいください。

- **断捨離とは人生の片づけ。**
- **モノに隠れている思考や観念を解き明かし、自分を縛っている諸々を手放す。そのことに自分で許可を出していくプロセス。**

2 疲れ果てていた私の40代

「私の人生、つまらない」

今からかれこれ十数年前。40代だった私は、主人が経営する会社に在籍し、経理を担当していました。もともとお金の計算などには興味が持てない質《たち》ですから、たとえお給料をもらうことができても、仕事に対しては何のやりがいも感じることができませんでした。

今は亡き舅《しゅうと》が、病気になったのもちょうどその頃から。好きではない仕事をやらなければならないというストレスに加えて、日々介護に携《たずさ》わらなければならないというストレスが重くのしかかり、私の息苦しさは増すばかり。ヨガをやっていたので、何とかバランスがとれていたものの、更年期がやってきたため、身体のあちこちが不調に。

私はまるで出口の見えない長いトンネルの中にいるような気分でした。

自分は何かもっと違うことができるんだ、といった強い思いがあったわけではないけれど、無意識の領域では「私は私として活《い》き活きと過ごすことができるフィールドが絶対にあるはずだ」と感じていたことも事実。

心の中には「自分を存分に活かしていない」「自分の役割を全《まっと》うしていない」といった、不満が常に堆積《たいせき》していました。

自分の人生を生きている実感を持つことができずに、当時の私は言い知れぬ不満で染め抜かれていたのです。

その感覚を一言で表現するなら「つまらない」。

体力的にはまだまだ元気なはずなのに、「つまらない」という感覚の背景にある「自分を活かしきっていない」という感情に焦点を当て、思考することができなかったために、40代の私は心身ともに疲れ果てていたのです。

押し入れの通信教材と「このままで終わるの？」という焦り

そうした悶々《もんもん》とした想いは、私を取り囲むモノにも現われます。

「私の人生はこのまま終わってしまうの？」という漠然とした不安と焦りから、私はその頃、通信教育の教材をどっさり取り寄せていたのです。

何か他にやることがあるはずだ。自分には何か他にできることがあるはずだ——。

そうした想いから、さまざまな通信教育に手を付けてはみるものの、所詮《しょせん》、衝動的に買った教材。これも違う、あれも違うと、最初の数ページをめくってみただけのそれらの教材は、どれもが最終的に押し入れの中に詰め込まれるのが関の山。

断捨離のメソッドはすでに確立していたので、我が家は誰が来ても別荘と間違えられるほど片づいていました。が、人目に触れない押し入れには、断捨る（断捨離をする）ことができないまま放置されたモノたちが、少なからず潜んでいたのです。

そう。捨てられなかった各種の通信教育の教材は、まさに私の焦りと不安の象徴。

私は、自分の中にある漠然とした焦りと不安にうすうす気づきながらも、それらを真っ向から検証することができずに、自分自身を息苦しくさせていたのです。

50代は「人生の地殻変動」が起こる

結婚した年齢や出産した年齢によって違いますが、女性にとって、40代から50代にかけての年回りは、人生の地殻変動が起こる時期ではないでしょうか。

自分がいなければ何もできなかった子どもが成長し、手を離れていきます。多くの時間と労力を注ぎこんできた子育てという仕事が終了すると、まるで自分の役目を失ったような気分になるもの。

　仕事一筋だったり、独身であったり、子どものいない場合も同様です。このままの生き方でいいのか、老後も独りなのか、という不安。仕事の変化についていけないのではないかという焦り、能力の限界も見えるよう。夫やパートナーに目を向ければ、もはや恋愛感情は過去の遺物と化し、馴《な》れ合いの関係にはため息がもれるばかり。

「子どものために」「夫のために」「仕事のために」と懸命にやってきたのに、気づけば誰も自分を必要としていない事実が目の前に。役目をなくした喪失感、自分ではない他人のために労力を費やしてきたことへの被害者意識、これから自分は何をすべきかという焦燥感。こうしたさまざまな想いが混じり合って沈殿し、心を重たくし、「つまらない」気分を醸成させるのです。

　もちろん、身体の変化もじわじわと押し寄せます。不調を感じることが増えると、つい、自分の未来にも不安を抱いてしまう。

現状に不満を抱いたり、違和感を持ったりしながらも、それを変えていこうとはなかなか思えないのが、「○○のために」やってきた世代の特徴。

下手をすると、自分の感情とも向き合わないまま「私はこれまで○○の犠牲になってきた」と被害者意識を募らせて、恨みつらみでその後の人生を塗り固めてしまうことになりかねません。

でも、そんな状態ではそれこそ「つまらない」人生。

できれば、地殻変動のタイミングに合わせて、自分自身もシフトチェンジし、新たなステージに進みたいもの。

滞《とどこお》った思考の中にいると、現状を打開することはとてつもなく困難なことのように思えますが、じつは現状を変えることは大して難しいことではありません。自分の心を重くしているモノを取り除き、捨ててしまえばいいだけのことです。

・現状を変えるのは難しくない。自分の心を重くしているモノを取り除けばいいのだから!

3
50歳から始まる「自分人生」

人は50歳で生まれ変わる

50代が新たなライフステージの始まりだと気づくための、忘れられないエピソードがあります。

「やましたさん、人は50歳で生まれ変わるんだよ。だからオレは今8歳なんだ」

以前私にコーチングを指導してくださった黒澤善巳《くろさわよしみ》先生。

これは、今から数年前。あるとき先生がもらした言葉。

人は幼い頃から、親や周囲の観念を取り込みながら成長するもの。その観念と葛《かっ》藤《とう》しつつ引きずって生きていくのが50歳まで。

ああでもないこうでもないと右往左往した結果、やっとその親の観念から解き放たれる。

ようやく50歳になる頃から、自分自身の価値観で生きていける、というのです。

振り返ってみれば、私自身が人生の暗いトンネルを抜け出したのも、もうすぐ50代にさしかかろうとしていた時期でした。

無自覚に押し入れに詰め込んであった各種の教材一式を思い切って捨て、その意味に気づき、さらに主人に「もうこの仕事はできません」と宣言し、経理の仕事も断捨離したのです。

それは、トンネルを抜け出した瞬間であり、「私のために生きる」ということに、私自身がようやく許可を出すことができた瞬間でもありました。

私はそこから、自分一人でコツコツとやってきた「断捨離」を他の人にも広めようと、外に向けて発信し始めたのです。


トンネルを抜けてからの私は、身軽で気楽！

もちろん、日々の生活の中で、思い悩んだり、心を乱してしまったりすることも多々あります。けれど、基本的にはごきげん。誰のためでもなく「自分のために」生きているという気持ちが日常生活の一コマをも明るく照らしてくれるのだから、ごきげんにならないはずがありません。

40代の暗いトンネルを経験した私の心に、黒澤先生の言葉は、染み入るように響いてきました。

当時の私は、自分人生で計算すれば、よちよち歩きの幼児にすぎない年齢。「これから自分の足を鍛えていけば、自分が望むところに、自分の力でどこまでも行ける」。自分の未来が光り輝く大海原のごとく感じられたあのときの気持ち――自分への信頼感といえばいいのでしょうか――は、今でも色褪《あ》せることはありません。

・親の観念からようやく解き放たれるのが50歳。ここからが本当の自分！

だから、今こそ人生の断捨離を

「つまらない」という気持ちを抱えたままの自分の未来——おそらくそれは萎《しぼ》んでくたびれたもののように感じられることでしょう。

でも、どうでしょう。自分を優先し、自分に責任を持ち、自分のために生きていくのだと考えたら、未来はみずみずしく輝いて見えてくるのでは？

「誰かのために」献身的になるのは、素晴らしいこと。でも、自分で選んだ献身でありたい。誰かに大切にしてほしい、もてなしてほしい、と他力に頼るのではなく、**自力で自分を大切にし、自力で自分をもてなす。**

トンネルにいるときというのは、出口は決して見えないもの。あるいは、トンネルから抜け出したことによって初めて、自分が暗いトンネルの中にいたことに気づかされるのかもしれません。

ちなみにトンネルの中で苦しんでいた私は、出口が見えたから行動を起こしたわけではありません。**自分の心と向き合い、考え抜き、自分で決断し、自発的にアクションを起こした瞬間に、出口が開いたのです。**

未来は自分で彩《いろど》ることができます。いえ、自分でしか彩れないものと言ったほうがいいかもしれません。

未来は今の積み重ね。**今を変えれば、未来も変わる。**

50代。人生の変動を経験してきた今だからこそ、自分の人生が始まる今だからこそ、ここで問い直してみませんか。

自分を窮屈にしているモノ、自分を息苦しくしているコト、自分を縛りつけているヒトは何なのか、と。

自分にとって不要、不適、不快なモノを取り除き、今の自分がわくわくするモノ・コト・ヒト、そして観念を選んでいくことができたら、未来は自《おの》ずとキラキラと輝いて見えるはずだから。

・自分をもてなそう。自分で、今を変えよう。
・自分の心と向き合い、考え、決断し、行動を起こそう。そうすれば必ず人生は変わる。

2章

モノが映し出す「自分の心」

——なぜ「捨てない」ではなく「捨てられない」なのか？

1　すべてはモノに現われる

「捨てたいけど捨てられない」

断捨離が目指すのは、他人に合わせている軸＝「他人軸」、モノに合わせている軸＝「モノ軸」を自分の基準に合わせ直すこと。

つまり**「自分軸」の取り戻し**です。

モノにまみれモノに埋もれているにもかかわらず、それに気づかずにいるとしたら。空間にモノが詰まりきっているにもかかわらず、そこに違和感を覚えずにいるとしたら。

そこにはいつも閉塞感がつきまとう。いわば、息が詰まるような感覚。夥《おびただ》しい量のモノが、自分をどれだけ損ない、人生を重たくしているのか。そうですね、これが、重装備のマラソンランナーですよね、平坦な道でも走りは鈍り、上り坂では息も絶えんばかりに難儀し、下り坂では転がり落ちるような。

だとしたら、まずは、その装備を点検してはみませんか？　というのが、断捨離の提案。

断捨離とは、身の回りにあるモノと自分との関わりを考えること。今の自分にとって必要なモノなのか、今の自分が使うのに適しているモノなのか、今の自分にとって快適なモノなのか、を問うことで、モノを見極める判断力をつけること。

そして、**モノを取捨選択するというトレーニングを通じて、自分軸を取り戻し、自分らしい生き方ができる自分、自分が望む自分になること**です。

たかがモノで、と思うかもしれません。けれど、そのモノを取り込んだり、あるいは手元に留めくことを選択しているのは、他でもない自分自身。私たちは、自分の中のなんらかの価値観に基づいた思考の結果、選択決断を繰り返しているのです。モノと自分との関わりに着目すると、意外なことに気づかされることが少なからずあるのです。

・捨てたいけど捨てられないモノに、今の自分の気持ちが現われている！

それは、特に、**「捨てたいけれど捨てられない」**というモノたち。この相反する気持ちがせめぎ合うモノが、今の自分の気持ちを一番に映し出すもの。

なぜなら、捨てたいのであるならば捨てればいいはずだし、捨てたくないのであれば捨てなければいいだけのことだから。こんな単純なことなのに、私たちは、どういうわけか、「捨てられない」と口癖《くちぐせ》のように繰り返す。ここを、掘り下げていくのはとても大切なことですね、自分を知るためには。

モモコさんの食器棚

私にとって、とても印象深かったのは、受講生のモモコさんのこと。彼女は、とても快活でチャーミング、巧《たく》みな会話力を駆使してその場を一気に愉《たの》しい雰囲気に変えてしまう。そんな魅力的なモモコさんが、執拗《しつよう》なまでに繰り返すのです、食器が捨てられないと。

ありとあらゆる器が詰まりきった食器棚、片づかないというストレスは半端ではなく、けれど、何をどう捨てていいかもわからない。いったい何が必要で何が要らないかもわからない。第一、捨てたらどうなるか、不安でたまらないと主張する。おかしなことに、洋服ではそれがあっさりとできた。今の自分がお気に入りの服を厳選して絞り込むことは容易にできたのに……。

ご飯茶碗、汁椀、湯呑み茶碗、大・中・小の皿、煮物用の小鉢、大鉢、果物用のガラス器、コーヒー用のカップ&ソーサー、グラスとあらゆる食器が見事に揃《そろ》っている食器棚。けれど、自分のお気に入りの器は何一つない。そもそも、自分の好みさえわからなくなっている、それが、モモコさんの食器棚。

それらすべては、義理の母であるお姑《しゅうとめ》さんからの善意の贈りものたち。何から何まで至れり尽くせりで揃っている。そして、そのほとんどは、お姑さんにとっても、いただきものとして手元にやってきたモノたち。たとえば、結婚式の引き出物といった冠婚葬祭の産物、中元歳暮の慣習の結果物。すべては、使える器、しかも、それなりの質は維持されている。だからこそ、捨てるという発想は起きるはずもなく、お姑さん自身も、お嫁さんであるモモコさんにあげることによって、持て余す量の器へ対処をしていたかのよう。もちろん、無意識のうちに。

モモコさんは、その受け皿になっていたのですね。使えるモノを捨てるなんて、とんでもないという観念は、根強く私たちの心に宿っているもの。ましてや、姑世代であるならばなおのこと。捨てることの後ろめたさの引き受け役を、知らないうちに背負わされ背負ってきたのが、嫁であるモモコさんの立場だったのです。同時に、モモコさん自身にも捨てることへの抵抗がある。ましてや、お姑さんからの善意の贈りもの。捨てる選択など想像すらできなくて、20年以上にわたる結婚生活で、食器棚にひたすら食器を詰め込むことを繰り返していたのです。

その結果が、今のこの状態。どれが必要な器なのか、何が好きな食器なのか、自分でもわからない状態。思考は停止し感性は鈍化、そうですよね、思考を止めなければ、感性を鈍らせなければ、この状態に耐えてはいけなかったから。だから、こう繰り返すのです。捨てたいけれど捨てられないと。そして、もし捨てたとしても、何を買ったらいいかもわからないと……。

モノが大量にあればあるほど、思考レベルも感性レベルも低下するよう。過剰という条件は、不足という条件と同じように、私たちを損なう。他者からなかば強制的に送り込まれてくるモノたち。しかも、それが善意であればなおのこと、そこに抗《あらが》うことに、自らが罪悪感を持ってしまう厄介な状況を自分に招く。そして、仕方なく、それらを使い、あるいは、溜め込むうちに、いつのまにか、あきらめに支配されていくのです。

自らの思考にも、感覚にも、感性にも、問いかけることはなく、自らの選択決断にコミットすることもなく、そして、その結果にも積極的に責任を取ろうとしなくなる私たち――。


さて、その後のモモコさん。意を決して、食器棚とその中の器たちに向き合いはじめることに。

お姑さんの善意と押しつけがない交ぜになった食器を、彼女は捨てはじめる。重かった腰と心を引き上げて、実際に捨てはじめたら、これまで食器を納めていた白い棚がひどく汚れていることに気づく。器をすべて出し、棚を拭《ふ》き始めたら、涙が頬《ほお》を伝い出す。

「こんなに汚くしていてごめんね」と。

そして、これまでろくに掃除してこなかった食器棚を拭くうちに、モモコさんは、自分が流している涙は、自分が自分に対して謝っている涙だと気づくのです。

「義理のお母さんがせっかくくれたものだから」と他人を基準にし、その分、自分をないがしろにしてきたことに気づいたというのです。

「ごめんね」というのは、大切な食事の器を、モノと他人ばかりを優先させて無自覚に自分に提供していたことへの謝罪の言葉。そうですよね、モモコさん。

そして、さらに彼女は、食器が半分の量に減り、残った食器を見回しても、何一つ気に入ったものがなかったことにも改めて気づくことになるのです。

「たかが食器」が映し出す心の重さ

たかが食器といってしまうのは、あまりに短絡的なこと。食器というモノとの関係が、他者を軸にした義務的なものだったのか、自分を軸とした意図的なものだったのか。その違いはあまりに大きい。そして、その関係が20年にもわたって毎日毎日繰り返されてきたのであるならば、その影響ははかりしれない。**どうでもいいも**

のを、どうでもいいとさえ気づかずに自分に与え続けてきて、結果、自分を損なっている私たち。断捨離は、モノではなく、**モノと自分との関係を問い直す**もの。そう、モノではなく、「関係」にひたすら焦点を当てていく。

食器との関係に、いまさらながら気づいたモモコさん。自分をないがしろにしていたことに初めて気がついたモモコさん。当然のことながら、新たなモノの存在が気に障《さわ》り出したよう。そう、話は、食器だけでは終わらなかったのです。

実家から贈られた雛《ひな》人形と五月人形、どちらも大きくて立派で豪華なシロモノ。もちろん、孫の誕生を祝うために、実家の両親が精一杯してくれたゆえのこと。けれど、モモコさんは、心のどこかで感じ取っていたよう。このあまりに大きな節句人形に、母親の見栄と婚家への対抗心がはりついていたことを。

毎年、桃の節句、端午《たんご》の節句が巡ってくると、実家の母親から「お人形は飾った？」と必ず電話がかかってくる。

「あら、まだ飾っていないの？　飾らないとお人形がかわいそうじゃないの」と、もっともらしい言い分による介入が続く。そして、それにしぶしぶと従う自分。そうですね、食器との関係は、姑との関係の写し。節句人形との関係は、母親との関係の写し。それらが共通して写し出しているのは、自分を押し殺してきたという自分と自分との関係。

このやりきれなさはなんだろう。この苛立《いらだ》ちはなんだろう。

いつもそう感じ続けていたモモコさんの心の重さの正体が、明らかになってきて。

すでに、子どもたちは成長し節句人形は必要でもなく、自宅の限られた住空間とはバランスを欠く大きさで、とても適切とはいえない。しかも、まるで強要されたように箱から取り出して飾り付ける手間には不快感ばかりが先行する。まさに、断捨離でいうところの、「不要・不適・不快」な存在になりはてているお雛さまと五月人形。

モノと向かい合い、モノの背後にあるそんなカラクリに行きついたモモコさんは、なぜ、毎年この3月から5月に至る季節が、一年の中で最も嫌いだったかが腑《ふ》に落ちたのです。

無自覚に、モノに絡ませた観念を押しつける姑と母親。それをまた、無自覚に受け入れ続けてきたモモコさんの心の重さ。

今にして思えば、なぜ、洋服だけはあっさりと捨てたり手放すことができたのかよくわかるというモモコさん。そうですね、彼女にとって、装うことが、唯一自分軸が可能となる世界。自分の好みのファッションを思いっきり愉しんで気分が変われば、服もまた入れ替える。そこには、誰からの介入も指示もない選択決断ができる自分がいる。洋服を買うことを、自分の心の重さを溶かす術《すべ》として無意識のうちに取り入れていたのでしょうね、きっと。

・どうでもいいものを、どうでもいいとさえ気づかず溜め込んで、自分を思考停止にしていていない？

2
心の負荷が現われるところ

私たちを重たく不安にするのは「モノ」「人間関係」「観念」

人は生きているかぎり、あらゆるモノを取り込んでいきます。自分で気に入って取り入れたモノもあれば、意に添うことなく入ってくるモノもあるでしょう。

食べ物であれば、口から取り入れたものは、消化吸収自己化されて、その後順次排泄《はいせつ》されるメカニズムが働きます。

けれど、家に取り入れたモノたちは、モノ自らが歩いて出ていくことはありません。服やバッグ、食器や調理器具、本やＣＤ、なんであれ、所有者である私たちがゴミ袋に入れ、ゴミの日に指定の場所に持って行かないかぎり、家からなくなることはありません。

もしも、3年間手に触れることのなかったモノ、あるいは目にするまで存在していることさえ忘れているようなモノたちが、自動的に消滅してくれるというのであれば、人一人が所有するモノの量は適正に保たれるかもしれないけれど。しかし、現実にそんなことはあるわけもなくて、賞味期限や消費期限が切れた食品ですら、私たちが捨てるという行動に出なければ、置かれた場所に存在し続けるのです。

しかも、賞味期限が切れた食品、壊れて使えなくなってしまったモノでさえ、食べられないこともないと、直せば使えるかもしれないと、躊躇《ちゅうちょ》なく捨てるのが難しい場合が往々にしてあるもの。まして、使っておらず、使う予定もないモノでも、使えるモノを捨てるのはとても難しいことでしょう。そうですね、使えるモノをゴミと見なすことも、ゴミとして認識していないモノを捨てることも、大きな抵抗を感じるはず。

私たちには、「もったいない」という観念があります。

特にモノが少なかった時代を生きて来た世代の人にとって、モノを捨てることは至難《しなん》の業《わざ》でしょう。モノが不足し困った経験があるからこそ、一度自分が手に入れたモノを手放すことができないのです。

しかし、捨てられない一方で、モノは次から次へと入ってきます。

世の中には新商品と称して機能性に優れたより便利なモノが夥《おびただ》しく出回り、人は目新しいものに心を奪われていくからです。

捨てないのに、取り込む。出ていかないのに、入ってくる。

結果、新陳代謝がなされないまま、モノが大量に蓄積されていくのです。

そして、モノと同じように、いえ、それ以上に、人生を生きるほどに増えていくのが人間関係のしがらみ、それと観念かもしれません。

人間関係も観念も、モノと同様に一面では私たちの人生を豊かにしてくれます。

しかし、場合によっては、それらの過剰が、足かせとなってしまうこともあります。

人生を重くしている過剰な「モノ」と、息苦しい「人間関係」と、制限となる「観念」。

これらをすっきりと取り除くことができたのなら、私たちはどんなに心が軽くなることかと思いませんか。

・モノは自動的に消滅してくれない！

嫁入り道具のタンスが象徴するもの

モノと違って、心の負荷となっている「人間関係」や「観念」というのは、目に見えません。具体的なカタチを持ったモノと違い、人間関係や観念はカタチが見えないだけに、「捨てられない」以前に、自分の足かせとなり、自分の人生を重くしているということにさえ気づかない場合も多々あります。

質量を伴わないだけに、心への負担は膨大であっても、見過ごされてしまいがち。また、心に負荷をかけているものがどういう人間関係によるものなのか、あるいはどういう観念によるものなのかを特定することも難しくなるでしょう。

ところが、**心の負荷となっている「人間関係」や「観念」というのは、モノに姿を変えていることがある**のです。というより、人間関係や観念は、必ずといっていいほど、モノを通して読み解くことが可能です。


たとえば、親が仕度《したく》をしてくれた婚礼ダンス。ライフスタイルの変化によって、それが邪魔な存在になってくることなどいくらでもあること。けれど、婚礼ダンスほど処分しづらいものはありません。それは、婚礼ダンスの重厚感、存在感という美観的、物理的な問題以上に、ついつい親の想いを推し量り、自分の一存では決めかねるという事態がそこに展開するからです。

こんな過激ともいえるぶつかり合いをする母娘の例もあります。

新築した家、収納スペースもしっかり確保してウォークインクローゼットもある。

だから、20年も前の婚礼ダンスは用をなさない。なさないどころか、それがあるばかりに、かえって、クローゼットが狭くなり機能が損なわれている……。

当然のことながら、無用の長物《ちようぶつ》となりはてている婚礼ダンスの処分について親にうかがいをたてると、母親は烈火のごとく怒るわけです。「私の目の黒いうちにそんなことをしようものなら、母娘の縁を切る」と。

婚礼ダンスの処分と母娘の縁。そこに、どれだけの整合性のあるつながりがあるのかどうか。婚礼ダンスというモノだけに焦点を合わせていたら、なんとも、母親の心情は理解しがたいものとなるでしょう。

でも、そう、モノは、モノであってモノにとどまらない。母親にとっては、自分が良かれと思って仕度した婚礼ダンスが邪魔もの扱いされるのは、自分が邪魔者扱いされているのと同じ。また、娘は娘で、とにかく、婚礼ダンスが目障《めざわ》りで仕方がない。それは、婚礼ダンスが、幼少期から繰り返されてきた母親の鬱陶《うつとう》しい介入の証拠品に他ならないから。

もしかして、この母娘、とても似たもの同士なのかもしれません。婚礼ダンスの処分に「縁を切る」という過激な反応を示す母親と、それに応戦するかのごとく、「捨てる、捨てる」と息巻く娘。かつての支配関係が、母親の老いとともに、娘の加齢とともに、微妙な逆転を迎えつつある時期にきているよう。

モノを通した代理戦争。これはやはり不毛な戦争。

心しておかなければならないのは、モノを介在させなければ、互いに自分を主張する術がないという位置取りにある自分たち。

だとしたら、それは、ずいぶんと人生を面倒なものにしてしまうとは、思いませんか。

・心の重荷となっている「人間関係」や「観念」は、モノに姿を変えている。

3
捨てる許可

過剰に流れ込んでくるモノ、モノ、モノ

不足なのか、それとも、過剰なのか。

私たちをとりまくさまざまな問題の原因は、このどちらかにつきる。

されど、この単純な原因を、意外と見落としがちなのもまた確かなこと。

接触頻度、接触時間、接触量……、それは、モノであれ人であれ、不足を感じれば、物足りなさとさみしさを味わうことになり、過剰となれば、面倒とわずらわしさを抱え込むことになる。

住空間に跋扈《ばっこ》するモノたち。片づかないと悩みの種になっているモノたち。おわかりですよね、それは、過剰であるからこそ、私たちを圧迫する邪魔な存在になりはてているのだけど、もし不足であれば、それは、渇望される存在になる可能性はいくらでもあるのです。

さて、私たちの今の暮らし。それは、ある意味幸いなことと言ってもいいのかもしれないのだけれど、ほとんどが過剰で損なわれているよう。そう、不足ではなく過剰。食べ物の過剰摂取による代謝異常、過剰な情報に右往左往し、過剰な人間関係に、ストレスを溜め込むのだから。

モノも、もちろん同様です。

私たちは、大量に流れ込んでくるモノたちの始末に、多くの時間と空間とエネルギーを差し出し続け、費やして、結果、「忙しい」「疲れた」という言葉をつぶやき続ける。そして、しまいには、その始末さえも放棄し、ひたすら堆積させる道を無自覚に選択し、人生をあきらめの中に追いやる。

どうでしょう、その始末に、そろそろ収納という保管に特化した片づけではなく、モノを絞り込み減らすという「引き算」の解決法を視野に入れませんかと、提案しているのが断捨離。そもそも問題の根本は「過剰」であるのだから、引き算は有効に機能しますよと説いているのが断捨離。

当然のことながら、その引き算の中に、「捨てる」という行為もある。そして、この「捨てる」という行為が、いかに難しいことかに直面せざるをえないこともある。

そうですね、繰り返すまでもなく、「モノはモノであってモノにとどまらない存在」であることを無意識のうちに意識している私たちが、ただモノを捨てることに、大きな抵抗感を持つのも無理からぬことなのかもしれません。

自分のモノと向き合うこと、モノに向き合いながら問いかけること。問いかけながら自分を知っていくこと。それから、捨てるという選択決断の行動を起こしていくことが断捨離。

断捨離は、時に自分を混乱に落としいれるけれど、その後にやってくる気づきが、たまらないほどに人生の変化を加速させるのです。

・問題の根本は「過剰」なのだから、保管ではなく、引き算が解決法。
・モノに向き合い、自分を知っていく。そして捨てるという選択決断の行動を起こしていくのが断捨離。

収納の意味

断捨離が問題にするのは、「片づかない」悩みの原因になっているモノ。「片づけられない」という能力の問題ではなく、悩みの原因となっているモノそのものを減らすことによって、空間を取り戻し、片づけに費やす時間・エネルギーを減らそうという発想。

一方、収納術や収納グッズには、基本的にモノを減らすという発想がありません。所有しているモノを持ち続けるための技術が収納術であり、所有しているモノを納めるための容器が収納グッズだから。

優れた収納術や収納グッズを駆使すれば、一見片づいたように見えるかもしれませんが、モノの置き場所を変えているだけですから、自分とモノとの関係について考察する機会が持てません。

つまり自分とモノとの関係性はそのまま。もちろんモノを通して自己探求することもありませんから、気づきや発見もありません。

これまで片づけといえば、はっきりとした定義がないままに、「きれいに整頓すること、効率的に収納すること」、あるいは「(漠然と)掃除すること」と同義で使われることも多かった印象。

断捨離では**「片づけ＝徹底したモノの絞り込み」**と明確に定義しています。整理・収納はその後の段階。徹底したモノ減らしがあってこそ、整理・収納は美しく機能します。そうでなければ、かえって混乱を呼ぶばかり。不要・不適・不快なモノまでも収納グッズに詰め込んだところで、快適な住まいにはおよそ近づけそうにありません。

「どの家にもあり、一番無駄だと思うモノはなんだと思いますか？」

こう聞かれたとき、私はすかさず答えます。

「一番無駄なのは収納家具です」と。

実際、断捨離を実践した人の中には、モノと向き合い、モノを絞り込んでいく中で、収納家具の必要性を感じなくなり、収納家具を捨ててしまう人が少なくありません。

主婦のようこさんは、なんと物置を断捨離したという強者《つわもの》。

ようこさんはよき妻であり、4人の子どもにとってはよき母であり、誰が見ても非の打ち所のない完璧な主婦でした。

6人家族ともなれば、各自の持ち物で家はどうしても乱雑になるもの。けれど、ようこさんの家は整然としていたそう。それは、ようこさんが収納術にはまり、一戸建て用の物置まで購入し、家族全員のモノをきちんと整理し保管し、必要な季節になるとそれらの出し入れをしていたから。

いわゆる「収納上手」「整理・整頓上手」だったようこさんですが、子どもたちが次々と巣立っていき、よき母親としての自分の役割がなくなったあたりから、心の中にもやもやしたものがたちこめるようになったといいます。

そのもやもやは、家の中をどんなにきれいに整理・整頓しても、いっこうに晴れない……。そんなときにようこさんが出会ったのが、断捨離。

モノと自分との関係を見つめ直したようこさんは、何年も使われることのないまま整然と収納してあったモノを捨て出しました。4人の子どもそれぞれの小学校から高校までの作文や図画工作品、通信簿一式、独り立ちした子どもが置いていったゲームや本など、ありとあらゆる子どもたち自身もすでに関心をまったく持っていないモノを捨てて、捨てて、捨てまくりました。

そして、不要と見なしたモノたちをある程度処分したときに、それらのモノを納めていた容器、すなわち物置が空っぽの状態で残ったのです。

納めるモノがないのであれば、モノを納めるための物置は不要。

結果、がらんどうとなった物置を捨て去るに至りました。

物置に占拠されていたようこさんの家の庭はさぞかし広くなり、景観がよくなったことでしょう。

そして物置に保管しておいたものの維持管理をする必要がなくなったことで、これまで維持管理に要していた時間を、ようこさんは自分のために心おきなく使うことができるようになりました。

物置一棟分のモノを、そして物置までも処分してしまうなんて、過激に聞こえるかもしれませんが、決して投げやりになって捨てたわけではありません。どれほど整理・収納が行き届いた住まいでも、それほどに、無自覚なまま溜め込んでしまった不要・不適・不快なモノが蔓延《はびこ》っているもの。

そうしたモノを、明確な意図を持って手放していった彼女が、心身ともに身軽になったことは、現在の晴れ晴れとした表情を見れば誰の目にも明らかです。

・断捨離は「片づけられない」という能力は問題としない。
・原因となっているモノそのものを減らし、空間や維持管理に使っていた時間・エネルギーを取り戻す。

それは「捨てる許可」を出していないだけ

断捨離とは、モノと自分との関係において、「自分軸」が機能しているかどうかを問い直していく作業。自分軸とは、「このモノは使える」とモノが主語になっている状態ではなく、**「私がこのモノを使う」という明確な自分の意図がある状態。**自分軸で考えることで、「これは◯◯さんにもらったから……」と他人軸になっている関係性を卒業します。

モノの裏側には、必ずと言っていいほど、自分と他人との関係、そして自分と自分との関係が潜んでいます。そう、モノと自分との関係の背景に、自分が自分にどういう位置を与えているのかが見えてくるのです。

「捨てられない」という言葉をよく耳にしますが、**「捨てられない」のではなく「捨てる許可」を出していないだけのこと。**自ら望んで取り込んだモノも、無自覚に取り込んだモノも、他人からもらったモノも、取り込んだのは自分。

他人が担いでいる荷物を下ろさせるのは難しいことですが、自分の荷物は下ろそうという意志を持ち、下ろすことに対し、自分で許可を出せばいいだけのこと。

重い重いと言いながら、担いでいるのは自分自身なのだから。

人生という旅を愉しむために、まずは今、「自分が担いでいる荷物は下ろすことができる」ということに気づくことからスタートします。

「この先、必要になったらどうしよう」などと起きてもいない未来について気を揉むことはありません。必要になったら、そのときにまた担げばいいのですから。

取り込むのも私の自由であり、捨てるのも私の自由。

担ぐのも私の自由であり、下ろすのも私の自由。

私たちは選択する自由を持っているのです。

自分を縛りつけてきたのは、他でもない私自身。

そして自分でかけた制限をはずし、自分を解き放つのも私自身。断捨離とは、自分で自分を診断・治療・治癒していくツール。それを、何かに依存することもなく、お金もかけず、自分の手でできるのだから、なんだかわくわくしてきませんか？

・「私がこのモノを使う」という明確な「自分軸」を取り戻そう。それが、自分にかけた制限から自分を解き放つ。

3章

なぜ、「いい人」ほど溜め込んでしまうのか？

――それは「知らず他人軸」かもしれない

1 選択できる自由

時間の経過であらゆる関係は変わる

変化というのは宇宙の大原則。

昨日と今日では、太陽が昇る時間が異なり、気温も違います。移ろいゆく季節の中で、私たちもまた、日々細胞分裂を繰り返し、変化していきます。昨日と今日、一見、なんら変わりのないように見えても、常に入れ替えが起こり、心も身体も、「私」という存在を保ちつつ、微妙な変化と進化を続けている、この神妙な仕組み。

同様に人と人との関係、モノと人との関係も変化していくもの。

片言でしゃべっていた子どもは、いつのまにか大きくなり、一丁前の口を利くように。新品だったTシャツは、袖を通し、洗濯を繰り返すうちにくたびれてくる。それが万物の習いなのです。

ところが、私たちは、時間の経過で関係が変わるということに対する自覚があまりにも希薄。その自覚のなさは、変わるという事実を忘れている、もしくは変わるということを認めていないといってもいいほど。

たとえば、かつて買ったワンピース。

色もデザインも好みにピッタリ。しかもジャストサイズ。髪型の雰囲気ともしっくりくる。「これしかない」と手に入れ、当時はそれを着て出かけることが何よりもの愉《たの》しみだったかもしれない。

ところが3年前から、そのワンピースの出番がめっきり減った。去年は一度も袖を通すことのないまま、衣替えの際に仕舞い込んでしまった。今年もシーズンが巡ってきたので、そのワンピースを出したのだけど……。

ワンピースにかぎらず、シャツ、パンツ、ジャケットなど、自分が買った服を巡って、こうした経験をした方は少なくないはず。

破れたり、縮んだり、色褪《あ》せたりしていないかぎり、服は着ることができます。人間関係と違って、どちらともなく離れていく、ということはありません。積極的に「着たい」と思わなくなった服でも、着ることができるかぎり、私たちはその服を処分することには後ろめたさを覚えます。

ましてや、お気に入りだった服は、思い入れも残っている。しかも、大枚をはたいて手に入れたモノかもしれません。「あんなに好きだったのに……」「あんなに高いお金を払ったのに……」。そんな想いが頭を駆け巡り、手放す踏ん切りがなかなかつかなくなる。

ではどうして、「お気に入りだった」し「高かった」その服を着なくなってしまったのか？

似合わなくなってしまった、今の自分の気分にしっくりこない、サイズが合わなくなった……そんな理由があがってくることでしょう。つまり、「かつての自分とその服の関係」と「今の自分とその服の関係」は明らかに異なっているということ。

服そのもの、つまりモノに焦点を当て、モノに基準をおいて考えていると「お気に入りだった」「高かった」「まだ着られる」となり、捨てるのは「もったいない」となってしまう。

けれど、**私たちは過去に戻ることはできません。**焦点を当てるべきは過去の関係ではなく、今の関係がどうであるか、今の自分にとってどういうものであるか。

私たちが生きているのは、過ぎ去った過去ではなく、今なのだから。

人は現状維持を好むものですが、現状は時々刻々と変化していきます。

かつての自分がとことん惚《ほ》れ込み選んだモノでも、今の自分には何の魅力も感じられないということは往々にしてある、と認めてしまったほうがラク。

モノに焦点を当てるのではなく、今の自分にとってどういうモノなのかということを基準にする。つまり**時間軸を今に合わせ、モノ軸ではなく自分軸で考える。**そして、大切なのは、**商品価値より活用価値。**

普段、なに気なく存在しているモノも、断捨離の視点で見つめ直すと、きっとこれまでとは少し違った見え方になっていることに気づかれることでしょう。

人生もまた同じではないでしょうか。

・商品価値より、活用価値で。
・時間軸を「今」に合わせて。
・「モノ軸」でなく「自分軸」で。

まだまだ着られるかキャンペーン⁉

あるセミナーで、受講生のみなさんにした質問です。

「たぶん着ることはないだろう。でも捨てられない。そうした服を目の前にしたとき、あなたはどういう方法で折り合いをつけていますか？」

まず出てきたのは「捨てようと思うまでとっておく」という回答。

確かにこれも、一つの折り合いのつけ方。

そして、「人にあげる」。あるいは「リサイクルショップに持っていく」という回答も多数。

人にあげるにしても、リサイクルショップに持ち込むにしても、自分の手元からなくなるので、その服が目に入って「もう着ないと思うけど……どうしようかしら……」と思い悩むこともなくなります。しかも捨てるのではないので、心も痛みませんね。

そんな中、とてもユニークなことを言った方がいました。

「まだまだ着られるかキャンペーン」なるものを実施しているというのです。

もう着なくなってしまった服で、処分をするか迷っている服を着て街に行く。これが彼女の言う「まだまだ着られるかキャンペーン」。

その服を身につけて街に出かけたときに、「私、今日は素敵な服を着ているでしょう」と胸を張って歩くことができ、ウィンドーなどに映った自分の姿を見たときに「なかなかイケてる！」と思えたら、その服は捨てない。

逆に、その服を着ていることに対し、少しでも「恥ずかしい」「できれば人に見られたくない」と思ったら、その服は捨てる。

要は、その服に対し、自分がどういう気持ちになっているかを確かめるために、その服を実際に着て、街に出かけるわけです。

創意工夫があるし、実践してみたくなる方法ですよね！

しかしその一方で、自分のモノを捨てるのに、これほどの儀式を踏まなければいけないということにも驚かされました。何故《なにゆえ》に私たちは自分のモノを捨てることに対しここまでの儀式をしなければならないのかと。

他でもない自分のモノです。捨てる・捨てないの自由も当然自分が持っています。それなのに、その自由を行使するのに、なぜか背中を押してくれる「ひと押し」を必要としてしまうのです。

・私たちは捨てる・捨てないを選べる自由を持っている！

自分で決めれば、人生はもっとラクになる

セミナーの受講生さんやメルマガの読者さんから「〇〇って捨てたほうがいいでしょうか？」という質問をよく受けます。

「〇〇」というのは、もちろん私の所有物ではありません。質問者の所有物です。もちろん、質問の対象になっている「〇〇」なるモノは、私が一度も見たことも触れたこともないモノ。

どうして自分のモノなのに、私、やましたひでこに「捨てたほうがいいでしょうか？」と聞いてくるのか。自分のモノをどうするかについて、なぜ人に判断をゆだねるのか。考えてみれば、これは実に奇妙なことだと思いませんか？　私たちは、捨てる自由、捨てない自由という、ありがたい「権利」を120％持っているというのに。

自分で判断・決断した後、「これでよかったかな……」と、自分以外の人間に確認をとりたくなる、ということはたまにありますよね。私にももちろんあります。ですが、そもそも自分で決断ができないのなら、前提が違います。

選択の自由を120％持っているにもかかわらず、自分以外の他者に判断をゆだねようとするのは、その自由を使えない自分がいるということ。

「捨てたほうがいいです」と言われれば、安心して捨てることができるというのは、裏を返せば、誰かにお墨付きをもらわないと、自分で決断できないということ。

ちなみに「捨てたほうがいいでしょうか？」と聞かれたとき、私は「あなたはどうしたいですか？」と聞き返します。

そういう質問をしてくるということは、何かしら思うところがあるから。であれば、何を思って質問をしたのか、何を感じているのかをしっかり見つめ直してみることが大切。それが私にできるアドバイスです。

だって、誰かからお墨付きをもらうことは、ある意味、気楽なこと。自分で熟慮・熟考する必要もないから。

しかも、他人が決めたことにより、自分にとって満足いかない結果が出てきた場合、人は往々にして、その不満を、自分が判断をゆだねたその人にぶつけるもの。「自分のせいではない」と。あるいは、行動で直接表わさないにしても、心の中で密《ひそ》かにその人のことを恨んでしまうことも。こうしたことは、モノを捨てる・捨てないの問題に留まりません。

自分で決めて、その結果も自分で引き受ける。まずはモノを通じてそのトレーニングをしていくことで、あらゆる物事においても、「自分が意思決定をする」という基本が身についていきます。

「捨てたほうがいいでしょうか?」と他人に聞く人がいる一方で、「捨てられない」原因が、じつは他人から「捨てろ」とうるさく言われ続けたことだったと気づいた人もいます。

その方は、ダンナさんから自分のモノを「捨てろ、捨てろ」と言われていました。確かにダンナさんの言うとおり、自分にとっては必要がないモノ。でも「捨てようとするけれど捨てられない」という悩みを抱えていました。

セミナーの中で、いろいろ話をしていくうちに、彼女は小さい頃、自分の姉に大切にしていたモノを勝手に捨てられたことを思い出したのです。長らく忘れていたけれど、じつはそのことに対する怒りが自分の心の奥でくすぶっていたのだと。

その気づきによって、さらに彼女は、捨てられないのではなく、他人から「捨てろ」と言われることに抵抗していたんだという自己分析に至りました。

「自分では自覚していなかったけれど、姉に対する恨みがあったから、夫から捨てろと言われると、どうでもいいモノでも意地になって捨てなかった。私は、命令されるのが嫌だったんです」と、報告してくれたその表情は、実に爽《さわ》やか。深く眠っていた怒りに、自分自身で気づくことができたことで、過去の呪縛が解き放たれたようでした。

その後のメールによれば、命令されるのが不快だったと気づいてからは、モノに対して意地になることもなく、自分の意志で「捨てる」「捨てない」を決められるようになったとのこと。

おそらく、長く心の奥に潜んでいた「命令されたらそれに従わなければならない」という観念を手放すことができたんですね。

自分自身の頭で、心で、選択決断すること。それは私たちが想像する以上に精神の健全化を促します。

最初は勇気がいるかもしれない。そして、結果を引き受けることにも覚悟がいるかもしれない。けれど、そうしていくうちに、「自分は自分の人生を生きているんだ」というはっきりとした自覚が芽生え、結果的に生きやすく、心が軽やかになるのです。

・自分の決断でモノを捨てられるようになると、「自分の人生を生きている」実感が生まれ、生きやすくなる。

「不要・不適・不快」を見極める

このように断捨離は、モノの取捨選択にかぎらず、何かを決めるときに、自分で考え、判断し、結論を出すことを前提にしています。

というのも、自分で決めることができず、人に判断や決断をゆだねて、問題が解決したように見えたとしても、結局人は、自分の決めたことにしか心から納得できないからです。

これは私の失敗談であり、学びを得られた大切な経験。

かつて、断捨離セミナーを始めたばかりの頃。私はある人から、家の片づけを頼まれました。

その家にはモノがひしめき、あふれていました。長年、モノを買うことによってストレスを発散することを繰り返してきた結果です。

欲しいと思ったモノを欲しいだけ買うことができるという、裕福な環境にあったことも、モノの量に拍車をかけることになった様子。

量が多すぎるあまり、住人の感覚も思考も鈍っていると感じ、私は家の片づけを手伝うことに。懇願《こんがん》されたのに無下《むげ》に断っては、「その人に悪い」という気持ちもありました。

処分を望んでいるモノは、高価なモノばかり。でも、モノの値段は関係ありません。「不要・不適・不快」をキーワードにして、一つ一つのモノについて本人に確認しながら、片づけを進めていきました。

何日かかったでしょう。だいたい片づいたとき、その人は「ありがとう。これで座る場所ができたわ」と喜んでくれました。それくらいに、空間がモノに占領されて、住んでいる人がくつろげる余地がなかったのです。

それから数日後、大仕事を終え、胸を撫《な》で下ろしていた私のところに、その方から連絡が。なんと「あなたは、私が買った高価なモノを、まるで自分のモノのように捨てた」と責めるのです。

それは、ある一つのモノについて「これは今、使っていないんですね。それなら必要としている人に差し上げてはいかがでしょう」と私が言ったことが発端。時間をおいて、彼女の中にじわじわと怒りが込み上げてきたのでしょう。

確かにそれは、使っていないし、この先必要もないモノ。そして、自分がもはや必要としないけれど、誰かは必要としているようなモノ。

しかしその方は、自分がもはや必要としなくなったモノがあることを自覚することで、「失われた何か」をも同時に感じとってしまった。これが怒りに火をつけた原因です。

「失われた何か」。それは、そのモノを買ったときに手に入れた幸福感？　あるいは、その当時の自分や家族の生活の投影？　それは本人にしかわからない「何か」。しかしおそらく、それを失った自覚を持っていなかったのでしょう。

その、失った事実を、他人である私が、モノを処分することで明らかにしてしまった。そして、喪失感からくる悲しみを、私がもたらしたものであるかのように錯覚してしまったのです。

そのとき、悟りました。「捨てたい」と言いつつ、「捨てたくない」人がいるのだと。

そして、人のモノについて、他人が判断に関わるのは危険であると。手伝い、手助けには適切な「距離感」が必要だ、ということも。

ある人にとって何の価値も見いだせないモノであっても、ある人にとってはかけがえのないモノであるかもしれない。一つのモノに対しても、見方、感じ方はそれぞれ。

だからこそ、他人ではなく、自分自身に問うのです。

自分にとってそれが、「不要？　不適？　不快？」かと。

当然、決めかねるモノもあるはず。だったらそうしたグレーゾーンも、自分の判断として受け止めればいい。

モノにしろ、人間関係にしろ、観念にしろ、無自覚に放置しておくのではなく、ましてや他人にその判断をゆだねるでもなく、自分にとってどうなのかを考え、思い、感じること。

「不要・不適・不快」のふるいにかけ、取捨選択していく。それを繰り返していくと、「要・適・快」なモノだけが残ります。

どうでもいいモノにまみれた人生と、厳選されたお気に入りのモノに囲まれた人生と、あなたなら、どちらを選びますか？

私たちは、選択の自由を120％手にしています。

そして、選びたいほうを選んでいいと許可を出すのも、私たち自身なのです。

・人は、自分の決めたことにしか心から納得できない。
・だから「不要・不適・不快」のふるいにかけ、自分で取捨選択する。

2 「いい人」をやめる

「いい人」があなたを消耗させる

「ご機嫌伺い」「機嫌をとる」「機嫌を損ねる」といった言葉が示すとおり、私たちは他人の気持ちのコンディションやありように敏感に反応し、心を砕きます。

機嫌の悪い人を見ると、それが自分とは縁もゆかりもない人であっても、重苦しい気持ちに。まして、身近にいる自分と関係のある人の機嫌が悪いと、それこそ居ても立ってもいられない気分になるもの。

特に、不機嫌なのが夫や妻、子ども、親といった身近な存在であればあるほど、私たちはその人の機嫌を必死にとろうとしがち。たとえ、機嫌が悪くなった理由が、自分とはまったく関係のない事柄であったとしても。

どうして私たちはこれほどまでに人の機嫌をとろうとするのでしょう？

「機嫌をとる」癖は、幼い頃、無意識のうちに身についてしまうケースが多いようです。

たとえば、小さい子どもは親が不機嫌だとその影響を多分に受けてしまう。なぜなら、子どもにとって親は絶対的な存在だから。

居心地の悪さ、危機感、恐怖感を感じるから、そういった事態が長続きしないよう、あるいは悪化しないようにと、本能的に親の機嫌をうかがい、機嫌をとろうとする。言い換えれば、子どもが親の機嫌をとるのは無意識のうちに身についた「処世術」なのかもしれません。

子ども時代に自然と身についてしまった「機嫌をとる」癖、「いい子を演じようとする」癖は、学校に行けば先生へ、就職すれば上司へ、さらに結婚をすれば配偶者へと対象を変えて引き継がれていくことになります。

身近な誰かの機嫌が悪くなると、機嫌が悪いのは「自分のせい」と思い込み、「機嫌をとる」ことに終始する。他人の機嫌を損ねないために「いい子」「いい生徒」「いい社員」「よき妻」「よき夫」「よき親」を演じようとする。本来の自分を押し隠して、他人にとっての「いい人」を演じようとするから、気持ちが消耗してしまうのです。

すべては自分を「ごきげん」にすることから始まる

ちなみに「機嫌」とは、もともと仏教用語の「譏嫌《きげん》」から派生した言葉。「譏嫌」とは、「そしりきらう」という意味で、僧が修行に集中するために、他人の「譏嫌」を受けないようにする仏教の戒律「息世譏嫌戒」という言葉がベース。

その後、「機」が気持ちを表わす意味を持つようになってから「機嫌」と表記するようになり、現在使われている「快・不快などの感情。気分」「人の意向や思惑。様子」という意味を持つようになったといわれています。「機嫌をとる」行為は、他人が基準です。一方「息世譏嫌戒」の「譏嫌」は、自分が基準。自分が集中するために、無駄に人に悪感情を抱かれないようにするための戒律と捉えていいようです。

どちらにしても、自分を取り囲む環境がよりよいものになるためのもの。違いは、行動をとる際の基準が、自分なのか他人なのかというところにあります。

他人の「機嫌をとる」とき、私たちは心のどこかで自分が犠牲になっているような感覚を持っていないでしょうか。「機嫌をとる」とは、行動の基準が「自分軸」でなく、「他人軸」。相手のために自分は何かを我慢している。相手のために自分はどこかで意に添わないことをしている。そうした気持ちが、真綿で首をしめるかのごとく、自分の心を蝕《むしば》んでいってしまう。

はっきり言います。**「身近な誰かの機嫌が悪くても、それはあなたのせいではありません」**。つい、周囲の人に過剰に気を遣いがちだという自覚があるなら、まずはそこから意識していく。機嫌の悪い人に左右されない強さを持ちたいもの。

そしてなにより。人の機嫌をとるより、まずは自分の機嫌を優先しましょう。**自分の人生の主役は、不機嫌な誰かではなく、私自身なのだから。**

自分を常に「ごきげん」な状態に保てるようになれば、人の不機嫌まで吹き飛ばせます。そして、不機嫌が伝播《でんぱ》するように、「ごきげん」だって周囲に伝わっていくもの。そう意識を変えることで「ごきげん」の輪は広がっていくのです。

・自分を「ごきげん」にしよう。「ごきげん」は周囲にも伝わる。

自分で買ったモノ、他人からもらったモノ

モノは、自分で手に入れたモノと、他人からいただいたモノの二つに大きく分けることができます。

自分で手に入れたモノというのは、自分で買おうと思い、買うというアクションを起こして、家まで持ち帰ってきたモノ。少なくとも手に入れたその時点では必要と思われるモノ、あるいは、買う価値のある魅力的なモノだったといえるでしょう。

ところが、他人からのいただきモノというのは、往々にして自分の意志が介在しないまま、突如舞い込んできます。包装されている場合は、それがいったい何であるかを知ることができないまま、受け取ることに。

自分にとって「不要・不適・不快」かを判断する余地もないまま、自分のモノとして取り込むことになったモノ。それが他人からのいただきモノ。

もちろん、人から何かをいただくのは、うれしいことであり、ありがたいこと。「何かをあげよう」「何かをプレゼントしよう」という、その人の好意はしっかり受け止めます。

しかし、残念なことに、人からいただいたモノというのは、自分の好みとは違っていたり、必要がなかったり……という場合が少なからずあります。

中身が何であるかを知り、「これはちょっと……」と直感的に思った瞬間に、すぐさま「せっかくだけど、使う機会がないと思うからお返しします。気持ちだけいただくね。ありがとう」と伝えられればいいのですが、なかなかそうもいきませんよね。

というのも、たとえそれが、自分では決して選ばないモノ、見向きもしないようなモノであっても、そこには贈り主の〝好意〟が載っているから。好意の象徴であるところのモノだけに、そのモノの本来の価値を超え、特別なモノとなってしまう……。というのが、すぐに「断」できない真相ではないでしょうか。

なぜ、他人からもらったモノは捨てられないのか？

「捨てたいのに捨てられない」モノの筆頭にあがる、他人からのいただきモノ。

人からいただいたモノとはいえ、すでに自分の手元にあるのですから、自分のモノであることに変わりありません。

そして、自分のモノである以上、それを捨てる自由もあるはず。

しかも、使うかどうかを迷っているのではなく、好きでないから捨てたい、使わないから捨てたいと思っている場合。「捨てたい」と気持ちがはっきりしているのだから、本来は、捨てる自由を行使することに何ら問題はないはずです。

ところが、一方で、捨ててはいけないという、相反する想いを抱いた「私」がいるから「捨てられない」。

ではその抵抗感は、どういう背景からもたらされるものなのでしょう？

まず一つに、**申し訳ないという気持ち**があげられます。自分のためにせっかく相手がくれたモノなのに、それを捨ててしまっては相手の気持ちを踏みにじるようだ。好意が載っているモノだから、それを捨てることは、好意を無にすることになる。だから捨てられないというわけです。

次に考えられるのは、**「好意を踏みにじるような人だと思われたくない」という気持ち**。「好意を踏みにじりたくない」という気持ちとは、その気持ちが湧き起こる源泉が少し違いますよね。

「好意を踏みにじってはいけない」と悩んでいるのとは違い、「好意を踏みにじるような人に思われたくない」というのは、すでに贈り主である相手の好意を「踏みにじっている」自分がいることを意識した状態。「踏みにじっている」という自覚があるにもかかわらず、「人の好意を踏みにじるような悪い人に思われたくない」というわけです。少々、虫のいい話です。

もう一つは、「捨てたことが相手に知れたら、とんでもないことになる」という**恐れの気持ち**。たとえばお姑《しゅうとめ》さんからもらったモノ、親からもらったモノなどは、「捨てたことがバレてしまうと一悶着《もんちゃく》ありそう」という理由で、使われないまま保管されているケースが非常に多いです。

こうした、相手に対する恐れの気持ちというのは、「悪い人に思われたくない」という感覚と同種のもの。加えて、恐れの気持ちを抱く背景には、上下関係、もしくは主従関係のようなものが潜んでいるとみえます。

また、おびえる感覚を持つということは、その人を自分の「主」に押し上げているということ。言い換えれば、自ら自分を隷属《れいぞく》するポジションに置いているということ。人生の主役が自分ではない状態、とも言えるのではないでしょうか。

これらの、人からもらったモノに対し「捨てたいのに捨てられない」と感じてしまう3つの理由。

どれにも共通しているのは、**自分が主体ではなく他人を基準にして考えていると**いうこと。つまり自分軸ではなく他人軸での発想です。

「人からもらったモノだから捨てられない」というと、一見相手に対する思いやりであるかのように感じられます。

けれど、その気持ちを紐解いていくと、相手の気持ちにおもねる自分、いい人に思われたい自分が浮かび上がってきます。

人を慮《おもんぱか》る気持ちは、もちろん大切。しかし、よくよく考えてみたいもの。「私があげたモノを捨てただなんて、好意を踏みにじられたわ」と思うような人、あるいは「私があげたモノ、どこにあるの？　ちゃんと使っている？」と問いつめるような人と、あなたはつきあいたいと思いますか？

モノで相手の気持ちを確認し、モノで縛るような関係を結びたいですか？

そんな関係を続けるためにいちいち気を遣い、気を揉むのは、モノを捨てる以上に「もったいない」ということを、まず認識していきます。

・いただきものが捨てられないのは、「絶つ」のも「捨てる」のも贈り主が見えるから。他人軸になっているから。

3

「知らず他人軸」の正体

「知らず他人軸」が人生を重くする

他人の機嫌をとる私。他人からいただいたという理由で、捨てたいモノを捨てられない私。

人生は他ならぬ自分自身のものであるはずなのに。

親に評価されたいがために「いい子」を演じてきた人も、夫（あるいは妻）に気に入られるようにと「いい妻（あるいは夫）」を演じてきた人も、演じているという意識は持っていないはず。

自覚がないままに、本来の自分の意志とは異なることをする。つまり他人軸になっていることを知らずに、自分ではなく他人の気持ちに焦点を合わせて発想し、行動する。

この**「知らず他人軸」が、私たちの人生を重たくしている**のです。

もう少し詳しく説明すると……自分の本意とは異なることでも、明確な意図を持って、相手のためにするなら、それは相手に対する思いやりであり、配慮です。

配慮とは、相手のためを思う自分が主体となっていて、他者を尊重しようとする自分の意図意思に添っていること。

一方、「知らず他人軸」というのは、他人の意に添うように行動している自分が見えていません。常に他者にどう思われているのか、無意識に気を揉んでいる状態。

自分の行きたいところへ向かっているつもりが、気づけば全然違う方向へ向かっていて、釈然としない想いや違和感を持つ。

そうした想いが長い時間かけて蓄積されていくことで、人生が重く感じられるように……。

本当の意味で自分の人生を歩むためには、自分が人生のハンドルを握ること、すなわち自分軸を取り戻すことが何よりも重要です。

自分軸を取り戻すにはどうすればいいか？

まずは他人軸でいた自分に気づくこと。

そして、そこから意図的な他人軸なのか、無自覚な他人軸なのかを自分で見極めていくこと。

断捨離は、モノに対して無自覚な関係なのか、意図的な関係なのかを、所有者である自分に聞いていくプロセス。モノを媒介に、自分に問いかけ、判断し、捨てる、あるいは捨てないというアクションにつなげていく中で、自覚を持って発想する自分、意図的に行動する自分を育んでいく。つまり、自分軸を回復していくのですね。

・「意図的な他人軸」は気遣い、思いやり。
・「知らず他人軸」は無自覚に他人の意に添っていること。
・断捨離とは、「意図的に判断・行動できる自分」＝自分軸を回復するトレーニング。

他人から評価されたい自分

「知らず他人軸」は日常のささやかな行動・発言の中にも潜んでいます。

50代の男性、ヒロシさんの話です。

ヒロシさんはある会社の部長さん。部の宴会があり、みんなで愉《たの》しく盛り上がりました。その流れで部下たちの間から、二次会に行こうという話が出ました。ヒロシさんは用事があったため、二次会に行くことができません。そこで「これで愉しんでくれ」と、部下にお金を渡しました。いわゆるカンパです。

その翌日、ヒロシさんが会社に行くと部下はいつも通り仕事をしています。「部長、おはようございます」と挨拶はされるものの、どの部下の口からも前日の話は出なかったとか。

その日、たまたま会った私に、ヒロシさんはことの次第を話して聞かせ、最後に「あれだけカンパしたのに、今どきの若いもんは一言のお礼も言わない」と嘆きました。最後の一言を聞いたとき、私の頭に浮かんだのは、このように嘆くヒロシさんは、いったいどういう気持ちで部下にお金をあげたのだろうか、ということ。

「上司たる者、二次会に行く部下にカンパしないようではみっともない」と思ったのか。

「自分は行くことができないが、みんなで愉しんでくれ」と思ったのか。

私はあえてヒロシさんに聞くことはしませんでしたが、部下の行動からヒロシさんがどういう気持ちでお金を出したのかは、察することができました。

若い人は敏感です。カンパしてもらったことはありがたいと思ったことでしょう。でも、ありがたいと思うと同時に、そのお金に載ったエネルギーも察知しているもの。

どんなエネルギーが載ったお金であるかを感づいているから、お礼を言わなければと思っていても、翌日忘れてしまう。自分がやるべき仕事を優先したいから、お礼は後回しになってしまうのです。

ヒロシさんが、心から「これで愉しめ」と渡したお金であれば、部下はお礼を言っているはず。

もしくは、お礼がなかったことについて、ヒロシさんは嘆かなかったはずです。

ヒロシさんにかぎらず、「今どきの若いもんは、お礼も言わない」という話はよく聞きます。しかしそれは本当に、今の若い人が礼儀を知らないという理由だけでしょうか？

思うに、礼儀云々《うんぬん》の問題ではないんじゃないかと。

きっと、動機に見合った結果が返ってきただけのこと。

「みっともないから」という気持ちから渡したお金だったから、お礼を言われなかったのではないでしょうか。

「みっともないから」というのは他人を意識しての想い。つまり他人軸。他人軸で行動するということは、人から評価されたい私がいるということ。

人から評価されたい、人に評価してほしいと思うのは、「期待」。

ヒロシさんはカンパしたことによって、部下から「理解のあるいい上司」という評価を得たかったのではないでしょうか。

けれど、悲しいかな、期待というものは往々にしてそのとおりにはならないもの。

期待とは異なる結果が出て来たことに、ヒロシさんは不満を持った。上司らしい行動をとったのに、部下からお礼を言われなかったことが不愉快で、その憂さを晴らすために「今どきの若いもんは」と嘆いたのではないでしょうか。

・人から評価されたい、という期待も「他人軸」。

捨てられないネクタイ

特に男性は、社会的承認を求めるもの。社会から承認を受けなければ男ではないという呪縛を持っています。

部下にカンパしなければ「上司としてみっともない」と感じるのも、上司らしい行動をとり、部下から上司として承認されたいという気持ちがあるからに他なりません。

現役を退《しりぞ》き定年を迎えた後も、なお社会的な承認にこだわり続ける男性もいます。

本人に自覚がなくても、その人が大事にしているモノを見れば、その人が何を望み、何にこだわっているかということが見えてくるもの。

みのるさんの場合、社会的承認を象徴するモノはネクタイでした。

20代から会社勤めをしたみのるさんは、初出勤の日に締めていったネクタイをはじめ、60歳で定年するまでの間に買った数々のネクタイを大切に保管しています。その数はなんと300本以上に及ぶとか。

もちろん会社勤めをしていたときは、みのるさんにとってネクタイは必需品。スーツやシャツとのコーディネートを考え、その日の天候や、その日に会う取引先の人に合ったネクタイを締めるのが、みのるさんのステイタスでもありました。

しかし、かつて無くてはならない存在だったネクタイも、今やその出番はせいぜい冠婚葬祭のときくらい。そうなると、サラリーマン時代に買い集めたネクタイのほとんどは、もはや無用の長物。

この先使われる予定のないネクタイの束《たば》を見て、みのるさんの妻は「邪魔だから捨ててほしい」と言います。みのるさんも、もう無用なものと重々承知しています。でも「捨てられない」のです。

みのるさんがネクタイを捨てられない理由は、そのネクタイが、かつて自分が社会的に承認を得ていたことを証明するものだから。

定年により社会的に承認を得る機会がなくなったからこそ、社会的に承認を得ていたことを証明する証拠品が必要。ネクタイという証拠品がなくなってしまっては、自分が社会的承認を得ていたことを証明できなくなってしまう……。潜在意識にあるそんな不安がにじんで見えます。

ネクタイの他に、名刺が捨てられないという男性の話もよく聞きます。

名刺は、自分がどれだけの人と知り合い、どれだけの人から信用されて仕事をしてきたのかを証明するための証拠品。

そうしたモノを目の前にして、私たちは「捨てられない」と嘆きますが、実際は

「捨てたくない」という気持ちから、保管されています。まずはそこを意識すること。

「捨てたくない」のであれば、無理に捨てる必要はまったくありません。

しかし、捨てたくない理由について考察してみる必要はありそうです。

なぜなら、**捨てたくない理由がわかったときに、そのモノ自体を持つ意味が消えてしまうこともあるから。**また、その気づきを経て、承認されていたかつての自分にすがるのではなく、**今の自分が承認を得るために、新たな何かを始めるきっかけにもなるかもしれません。**


過去の積み重ねの中に今の自分があることはいうまでもありませんが、私たちが生きているのは今というこの瞬間。**モノを通じて自分の現状がわかったら、自らそのモノに始末をつけていく。**そうすることで自ずと「今を生きる私」が培《つちか》われていきます。

過去にすがったり、現実から逃げたり、未来に不安を覚えていては、真新しい未来はなかなかやってきませんよね。今に連なる、新しい未来を受け入れるために、常に今の自分に焦点を当てていくのです。

・承認されていた頃の証拠品が捨てられないのも「知らず他人軸」。
・モノを通じて、「過去」に始末をつけていくのが断捨離。
・この作業を通して「今を生きる私」が培われる。

4章

不安や思い込みから自由になる

――「観念」を断捨離する

1 それは本当に必要なモノ？

「トイレブラシ、どうしてますか？」

あるセミナーでの休み時間のこと。女性の受講生の方からこんな質問を受けました。

「やましたさんは、トイレブラシをどうしていますか？」

「捨てたほうがいいですか？」と聞かれたのなら、「あなたはどうしたいの？」と切り返すところですが、お悩み事はどうやら「捨てるか、捨てないか」ということではなさそう。

彼女が問題にしているのは、「どう扱っているか」ということ。

こうした質問を発するということは、彼女がトイレブラシに対し何かしらの想いを抱いているから。そこで私は「あなたはトイレブラシについてどんなことを思っているの？」と聞き返しました。

すると、「トイレブラシは掃除すると濡れてしまいますよね。不衛生だから乾かしたいのですが、見苦しいものだし、どこで乾かしたらいいのかと乾かし場所に困っています」という答えが。

つまり彼女は、トイレブラシの維持管理について悩んでいる様子。

さて、あなただったら、悩んでいる彼女に、どんなアドバイスをしますか？

自分が使っているのは、お洒落《しやれ》なデザインで、ビジュアル的にも問題ない。速乾性なので、掃除の後で濡れてしまってもすぐ乾く、というように、おすすめの商品、もしくはおすすめの維持管理法を指南するのも一つのアドバイスですね。

でも、果たしてこうしたアドバイスで彼女のお悩みは解消するでしょうか？

もしも「トイレブラシを探しているんですが、おすすめはありますか？」と聞かれたのであれば、使い勝手のいいものを紹介するのがベストアンサーということになるでしょう。

しかし、彼女の場合は、そういうわけでもなさそう。

というのも、彼女の質問からは、それを疎《うと》ましく思っていることがにじみ出ていたからです。

そこで私は「トイレブラシが嫌なの？　置きたくないの？」と彼女に聞いてみました。

「はい。でも、ないとトイレの掃除ができなくなりますから、仕方ないですよね」との答え。

つまり、彼女は維持管理が面倒で、かつビジュアル的に見苦しいので、実のところトイレに置きたくない。でも、ないとトイレの掃除ができなくなり、トイレが汚いのは困るので、やむなく置いている、というわけです。

手段と目的を明らかに

確かに、トイレブラシは、美しい飾りモノではありません。

トイレを掃除すれば必ず濡れます。トイレはきれいになっても、トイレブラシ自体は濡れたままでは不衛生。モノがモノだけに、洗濯機で洗って、物干竿《ものほしざお》に吊るして干すというわけにもいきません。

でも、そこまで疎ましく思っているものを、彼女はどうして持ち続けようとするのでしょうか？　もしくは、買い直そうとしているのでしょうか？

そもそも本当に、トイレブラシがないとトイレは掃除できないのでしょうか？

ここで考えたいのは、何の目的のためにそれがあるかということ。

もちろんトイレを磨くためのもの。でも、決して、ないとトイレ掃除ができなくなるというわけではありませんよね？　使い捨てのクリーナーだってあるし、いらない古布を雑巾代わりに使うことだってできる。要は工夫次第です。

そう考えれば、トイレブラシはトイレを掃除するための一つの手段にすぎません。ところが、彼女の頭の中では「トイレ掃除＝トイレブラシ」となっていて、その固定観念から抜け出せなかった様子。それゆえ、そもそもそれが、自分にとって必要かどうかを検証する回路が動かなくなっていたようなのです。

このように、観念は時に、物事を複雑に、ややこしくしてしまいます。

世の中には、用途別に「〇〇専用」なる商品が星の数ほど出回っています。専用品のほうが効果がありそうな印象を持ちますが、そもそもそこまで細分化する意味があるのでしょうか？

「便利そうだけど、これって本当に必要？」と自分に問い直すことも大切。

できれば、余計な観念は取り除いて、何事もシンプルに考えたいもの。

トイレブラシの維持管理に悩んでいるのであれば、悩みのもととなっているトイレブラシをなくしてしまえばいい。**悩みの存在そのもの、悩みの発生源をなくせばいい。**これが断捨離の基本的なスタンスです。

だから「片づかない」というお悩みに対して、片づかない対象であるところのモノを捨てていこうという発想に。

ちなみに、私の家にはトイレブラシはありません。その都度方式で、トイレクリーナーで磨きます。徹底的にきれいにしたいときは、台所で使い古したスポンジを使って、素手で洗います。なにごとも、創意工夫が肝心。オリジナルでいいのですから。

・「これって本当に必要なモノ？」
・シンプルに考えれば、そのモノ自体が、不要かもしれない。

2 不安の正体

ポータブルトイレが「捨てられない」

晩年寝たきりになり、トイレまでの往復が困難になった舅《しゅうと》は、ポータブルトイレを使っていました。亡くなった後、残されたポータブルトイレ。どこも傷《いた》んでいないからと、お姑《しゅうとめ》さんは、それを捨てることができませんでした。

当然のことながら、残されたポータブルトイレは、使う人がいません。使う人がいないので、置き場も定まりません。

私は、必要がなくなったモノなので、ただちに捨てたかったのですが、他人のモノについてつべこべ口を挟んではいけないと、我慢。

お姑さんもそのうち、捨てられないものの、誰も使わないポータブルトイレを持て余すように。「置き場所もないし、邪魔だから捨てようか」と言ってくれればありがたいのですが、戦中、戦後のモノがない時代を生きてきたお姑さん。なかなかすぐに「捨てよう」とはなりません。

「どこも傷んでないし、まだ使えるのに、捨てるなんてもったいない」。これがお姑さんの主張。使える状態にあるモノは、たとえ自分が使わなくても、捨てずに取っておく。これがお姑さんの基本的なスタンス。

とはいえ、さすがに使い途のないポータブルトイレは目に余ります。それなりに大きさもあるので、はっきりいって目障り。そこでお姑さんはどうしたか……。

なんと私の夫、つまり自分の息子の書斎の隅っこに運び入れたのです。「スペースもあるようだし、ちょっと置かせてね」という言い分なのでしょう。

しかし、です。息子の部屋に置くとはあんまり……。トイレが鎮座《ちんざ》しているようでは、部屋は台無しです。要するにお姑さんは、息子を差し置いて、ポータブルトイレを住まいの主役にしているようなもの。

私はそれを見て、やりきれなさにあふれました。

「お義母さんは、私の大事な夫と、このポータブルトイレを一緒にさせておくの?」と思わず訴えました。

お姑さんもさすがに悪かったと思ったらしく、運び入れたそれを書斎から運び出しました。でもまだ「もったいないから」と捨てられない。捨てられないけど、あからさまに置いてあると、嫁である私から何を言われるかわからない。

それではと、今度は問題のそれを毛布でくるみ、見えない状態にして屋根裏部屋へ持っていこうとしました。

お姑さんの視点は、ポータブルトイレという**モノの商品価値にのみ注がれている**のです。それが自分にとって必要なのかどうか、自分にとって保管しておくだけの価値のあるものかどうかといった考察が根こそぎ欠落しています。断捨離では、主体性を表わす「軸」をどこに置くかを重要視していますが、その軸が自分自身や、自分とモノとの関係性でなく、モノそのものにある状態。

結局、**モノだけを見つめていたら、モノを捨てる正当性はどこにもないわけで。**

だって、どこも壊れていないし、使える状態にあるのだから。

今、目にしているモノがあなたの未来に

モノ軸にどっぷりはまっているお姑さんに、私はもはやあきれ果て、腹を立てる気も失せてしまいました。が、自分の住まいでもあるこの家。使われることもなくなったポータブルトイレが、我が家のどこかに潜んでいるという状態はやはり許し難いものがあり……。

「お義母さん、もしも必要になったら、そのとき買えばいいじゃないの？　たとえ見えない屋根裏に隠したとしても、とっておいて感じのいいものではないよね」と話しました。

私の目に触れないようにと、毛布にくるみ、屋根裏に運ぼうとしたお姑さん。

「そこまでするんだったら、好きにさせてあげればいいじゃない。どうせ屋根裏に置くんだし、普段は目にすることもないでしょう」

確かに、そういう意見もあります。でも、私はどうしても譲ることができなかった。それにはまた別の理由があります。

屋根裏の隅に置き、普段は見えない状態にするとはいえ、それを保管するということは、**「いずれポータブルトイレを使うようになることを想定している」感じがする**から。とっておくことによって「いずれ自分も使う身になる」という状況をイメージさせるし、現実化させてしまいかねない。**モノにはそうした〝波動〟がある気がしてなりません。**

無意識のうちに自分の未来を「ポータブルトイレのある老後」という焦点に合わせてしまうのは、あまりにいたたまれないこと。

老後、寝たきりになる生活を送る人は、確かに少なくないけれど、必ずみんなが寝たきりになるわけではありません。私は、どんなに割合が低くても、寝たきりにならない自分の未来を想定します。

お姑さんにも、同じように想定する自由がある。お姑さんも、そう望むなら、寝たきりにならない自分を想定すればいい。そんなふうに思いました。だからこそ、不要になったポータブルトイレを持ち続ける必然性はどこにもないはず。

お姑さんは「万一、使うことになったときのために」と言うでしょう。でもとっておくということは、使うことが前提になってのこと。

使うという前提をなくしてしまえば、置き場に困るほどのポータブルトイレをとっておく必要はどこにもないのですから。

さて、その後、このポータブルトイレはどうなったと思います？　使い古しのポータブルトイレを欲しがる人は結局見つからず……捨てることになりました。もちろん、お世話になったことに感謝しながら。

・そのモノをとっておくことで、
「そのモノが必要な未来」を無意識のうちに選んでいるかもしれない。

「もったいない」の落とし穴

2011年、ケニア出身の環境保護活動家、ワンガリ・マータイさんが亡くなられました。

2004年にノーベル平和賞を受賞したマータイさんは、日本の「もったいない」から大事にしよう」という言葉に感銘を受け、その精神を世界に広めようと尽力されました。

「もったいない」と思う心は、日本人の美徳の一つ。幼い頃から、「もったいない」

「モノを粗末にしてはいけない」と、親や学校の先生などから教えられます。自分が子どもを育てるようになれば、「もったいないよ」「大事にしてね」と諭《さと》し、バトンを渡すように「もったいない」精神を我が子に伝えていきます。

つまり、「もったいない」は日本人の共通認識であり固定観念と言ってもいいかもしれません。マータイさんは、「もったいない」という気持ちが、日本人の心の中に浸透していることを「素晴らしい」と言ってくださったのでしょう。

確かに、私たち日本人が、この「もったいない」と感じる心があることを誇りに思い、その気持ちを大切にしていくのは自然なこと。

しかし、この「もったいない」という観念は時として、使う主体である「自分」の存在を忘れさせる呪文になってしまう場合が。それは、モノそのものに対して「もったいない」という言葉が向けられたとき。自分は使わないし、はっきり言って邪魔なんだけど「まだ使えるから、捨てるのはもったいない」と、不要品を押し入れの隅に押し込む。まさに「自分軸」を見失ってしまった状態。

これは、「もうお腹いっぱいなんだけど、食べられるのに捨ててしまうのはもったいない」と、無理をして残った食べ物を口に押し込むのと同様。

このようにひとたび「もったいない」という感情をモノや食べ物に向けると、私たちは「もったいない」の落とし穴から抜け出せなくなってしまいます。

ここで忘れてはいけないのは、**「基本的にモノは何のためにあるのか？」**ということ。

そもそも、モノは私たちの役に立つため、私たちを応援してくれるため、私たちを助けるために、私たちのもとへときてくれたはず。役に立たず、応援することもなく、助けることもしなくなったとしたら、そのモノが、私の側に存在する意味はまったくないのです。たとえ、他の誰かにとってそれが使えるものであったとしても。

私たちがモノを主役にし、モノにスペースを明け渡し、モノの管理に時間を費やして、自分自身をないがしろにしている姿を見たら、それこそマータイさんは「モノのために自分を犠牲にするなんて、もったいない」と言うことでしょう。

・モノが主役で、自分をないがしろにしてしまうことほど、もったいないことはない。

「二度と手に入らないかもしれない」という不安

「もったいない」の他にも、「捨てられない」気持ちを助長させるものがあります。
それは、捨てることに対する「不安」。
まずは、捨てたはいいが、またどうしても必要になるかもしれないという不安。
でもそれは、必要になったときにまた手に入れればすむ話。
じつは、もっと先の不安があります。万一必要になったときに、**「もう二度と手**

に入れられないかもしれないという不安」です。この不安が、私たちの「捨てる」決断を鈍らせ、「捨てられない」状況に陥《おちい》らせます。

高価なモノであれば、それを捨ててしまったら、同じモノを買うにはお金を払わなければいけない。でも、必要になったときに、それを買うお金がない、払えないかもしれないという不安。

時間と労力を費やして収集したモノであれば、それらを一度手放してしまうと、同じモノを欲しくなったときに体力や気力がなく、二度と収集できないかもしれないという不安。

思い出の品であれば、それを捨てることで、そのときの思い出を忘れてしまうかもしれないという不安。さらに言えば、あれほどの幸せな思い出はもう二度と手に入らないかもしれないという不安。

仕事の資料であれば、その資料を捨ててしまうと、この先自分が必要とする情報が得られなくなるかもしれないという不安。

じつは「なくても困らない」ようなモノであっても、いざ捨てるとなると、この「二度と手に入らないかもしれないという不安」が、心をかすめます。

いったいどうして私たちは「二度と手に入らないかもしれない」と思ってしまうのでしょう？

未来のことなど誰にもわかりはしないのに……。

捨てたモノ、手放したモノと同等のモノが手に入る可能性だって同様にあるはずです。それどころか、捨てたモノ以上の優れモノが手に入るという可能性だってあるはず。

なのになぜ、手に入るとは思わずに、手に入らないかもしれないと思うのか。それは、私たちが自分の未来をまったく信用していない、ということ。

私たちは、起きてもいない未来を、自ら不安に染めてしまう「癖」があります。

癖なんです。

だから不安で捨てられない。捨てられないままとっておくから、「二度と同じモノを手に入れることができない未来の自分」を日々イメージトレーニングし、いっそう未来が不安になる。**自分の未来が今以上によいものであると信じることができれば、必要になればまた手に入る、と自然と思うことができるでしょう。**

こうした「未来への不安」は人間の学習の産物であり、ありがたい知恵でもあります。だから、なんでも捨てればいい、というものではありません。

ただ、ここで問題にしたいのは、私たち人間が、かつての失敗に過剰にとらわれがちだ、ということ。「あのとき、あれを捨ててしまってすごく後悔した……」という失敗体験ばかりを思い起こしてしまい、「捨てることで生じるリスク」と「捨てないことで生じるリスク」を天秤《てんびん》にかけて、適切な判断をすることができないケースが多々あります。「捨てて困った」モノももちろんあるでしょうが、**「捨てないでいるためにわずらわされている」モノもたくさんありませんか？**　むしろ、これまでの経験を通じて、圧倒的に後者のモノのほうが多いことははっきり言えます。

「捨てられないモノ」を実際に捨ててしまったとして、その後、それが二度と手に入らなかったとしたら、いったいどうなるかを改めて想像してみてください。
案外、なくてもどうってことないというようなモノばかりだったりしませんか？

・私たちには、未来を不安に染める「癖」がある。

「買いだめ」と「備蓄」の違い

先の巨大地震、津波に続き、何度も襲来する台風と、次々に大きな災害に見舞われた日本。これまでは「備え」について無頓着《むとんちゃく》だった人も、「万一」が起きることを実感し、「備え」について真剣に考えるようになったのではないでしょうか。

災害があったときのために、数日分の飲み水と食料を用意しておくのは賢明なこと。断水して水道が使えなくなり、道路が遮断され、物資の流通が滞《とどこお》ってしまう可能性もあるからです。
「備蓄」とは、適正な危機管理。自分の身は自分で守るという気概は持ってしかるべき。

しかしながら、大震災の直後、大きな被害がほとんどなかった地域で多発した「買いだめ」には閉口してしまいました。

私は買いだめのニュースを聞くたびに気持ちが塞ぎ、しまいには嫌悪感を覚えました。

一部の人が「買いだめ」行動に走ったのは、非日常を突きつけられて不安にかられたから。

蛇口をひねれば出ていた水も、いつ出なくなるかわからない。スーパーやコンビニにいつもずらりと並んでいる飲料水も、明日は並んでいないかもしれない。

これまで当たり前だったことが、当たり前でなくなることを見せつけられ、日常がくつがえされるかもしれないという不安が必要以上に増幅され、断水もしていないのに、ペットボトルの水を必要以上に買い求めたのでしょう。

「買いだめ」に走る心理的な根拠は理解できます。それが人のとる行動として賞賛すべきことなのか、そうでないかは別として。

しかし、「買いだめ」をすることによって、不安が解消されるかどうかは大いに疑問です。


たとえば、2日分の食料を確保したとしましょう。手に入れた時点では「何かがあっても2日分の食料がある」と安心するかもしれません。でも、これでいいと思えないのが人というもの。

未来を暗く染める癖が染み付いているため、次の瞬間に「2日分の食料では足りないかもしれない」という心配が頭をもたげてくる。

では、5日分確保すれば安心するのでしょうか。いえ、今度は1週間分がないことに不安を覚えるはずです。

つまり、どこまでいってもイタチごっこ。不安はどこまでもつきまとってくる。

なぜ安心することができないのか。

不安に焦点を当てているからです。**不安に焦点を当てているかぎり、安堵感《あんどかん》を覚えることは決してありません。**

・備えるから憂いあり！

ところで、世間一般では「備えあれば憂いなし」と言います。

一方、私はあえてこう言います。**「備えるから憂いあり」**と。

備えるアクションの原動力になっているのが、不安であれば、「不安」＝「憂い」はいつまでも消えることはない。備えることで、ある程度安心できた気がしても、「もっと安心したい」という気持ちがむくむくと湧き起こり、むしろ、「不安」＝「憂い」の規模がさらに増大していくことがあるからです。

つまり、「備えがあっても憂いがなくなるわけではない」のです。

3 心地よいイメージを採用する

「できない理由」探しと「できる理由」探し

2日分の食料を備蓄して安心する人と、2日分では足りないと買いだめに走る人がいるように、同じ条件で同じことが起きても、人によって捉え方は異なります。

たとえば、何か課題を与えられた場合。

「頑張ればできるかもしれない。やってみよう」と前向きに考えるのか、あるいは「どうせできないからやめよう」とあきらめるのか。

チャレンジすれば、たとえ課題をクリアできなかったとしても、多くのことを学ぶことができるでしょう。しかし、はなからあきらめてしまっては、可能性はその時点でゼロ。人は誰しも、自分の可能性を広げたいと思っているはず。でも可能性を広げたいと思いながらも、無意識のうちにブレーキをかけてしまうことがあります。

ブレーキになっているのは、「できないこと」に焦点を合わせる癖。「できない理由」を探す癖です。

新たなことにチャレンジをするのは勇気がいること。現状維持を好み平穏無事を願うあまり、チャレンジという一種の冒険をしなくても済むよう、「できない理由」を探してしまう。

「できないこと」探しをするタイプの人か、「できること」探しをするタイプの人か。どちらのタイプであるかは、その人の発する言葉によって判断できます。

たとえば、私の地元・石川県の「断捨離ハウス」を訪れた人の場合。室内を見回したときにポロッと出てくる言葉に、その人の物事に対するスタンスを垣間見ることができます。

断捨離ハウスというのは、かつて私が暮らしていた家。夫と子どもと3人で住んでいましたが、現在は断捨離の拠点とし、ワークショップを行なうときなどに利用しています。

断捨離ハウスには、過剰なモノがありません。空気が流れ、通り抜ける、空間的なゆとりがそこかしこに感じられるはずです。私が何年もかけて断捨離をした結果が断捨離ハウスなのですから、当然といえば当然ですよね。

開口一番に「家族は何人ですか?」と聞く人。この人は「できないこと」探しをするタイプの人。

「3人です」と私が答えると、「我が意を得たり」と言わんばかりに、大きくうなずきます。そのうなずきが意味するのは「このうちは家族が少ないから、こんなにモノも少ないんだ」ということ。つまり「自分のうちは家族がいっぱいいるからできなくて当然」という言い訳、「できない理由」を見つけて安心しているのです。

「今はここで暮らしているわけではないんですよね」

これも裏を返せば、「生活の場ではないから片づいている。うちは生活の場だから、ちらかっていても仕方がない」と言っているようなもの。つまり、自分の家が片づいていないことへの言い訳であり、片づかない理由を自分に言い聞かせているよう。

一方、家族が多く、その家族が四六時中家にいるという人でも、「何か工夫できることはないか」と「できること」探しをするタイプの人もいます。そういう人の場合は、出てくる言葉が違います。

「わー、すごい！　どうしたらこうできるんですか？」と、素直に、片づいた状態に感動し、片づけるための具体的な方法を聞いてくるのです。

片づけをするには条件がよくないとしても、その中でどうすればいいか、何ができるかを考える。なんとも前向きですよね。

同じ条件の中でも、「できないこと」探しをするのと、「できること」探しをするのとでは、そこからもたらされる未来が変わってきます。

「できないこと」ばかりを探していると、未来は閉塞的で、暗いものに。けれど**「できること」探しをすると、未来が開け、明るい光がさし込んでくる。**

「あれもできない、これもできない」と言い訳を並べ立てるのではなく、「あれもできる、これもできる」と今の自分をとりまく状況に感謝しながら、与えられた条件の中で最善を尽くす。

そういう今を積み重ねていけば、未来は自ずと明るく輝き出しますね、きっと。

・「できないこと」探しが、自分にブレーキをかけている。
・「できること」探しで、未来は変わる。

年齢は重ねるもの

化粧品や健康食品などの謳《うた》い文句に、ことあるごとに使われている「アンチエイジング」という言葉。いつまでも若々しくいたいという気持ちは多くの人が共通して持っているだけに、「アンチエイジング」が魅力的に響くのはよくわかります。

けれど、私はこの言葉がどうも好きになれません。「歳をとること」を「老化」と決めつけ、それに必死に逆らおうという、もがきみたいなものが感じられるから。

確かに人は、歳をとっていくうちに老化し、「老人」として扱われるようになります。けれど、20歳を過ぎたら成人になるように、ある年齢を過ぎたら急に老人となるわけではありません。

私は、「歳をとる」という言い方はなるべく使わないようにしています。歳はとるものではなく、重ねるもの。「歳を重ねる」という響きのほうが、そこに美しいものや、慈《いつく》しむべきものを見いだせるような気がするから。

今、私のごく身近に、80歳を超えた二人の女性がいます。お姑さんと、実の母です。

二人とも、「自分は老人である」という意識を持っています。いつから彼女たちが自分を老人として認識するようになったのかは実のところわかりません。しかし「老人」だという意識が、もはや彼女たちのなかで揺るぎないものとなっていることは確か。

彼女たちを観察していると、「あ〜歳や」「歳だから○○は無理だわ」と、頻繁に口にします。疲れやすいのも、腰が痛いのも、物忘れをするのも、人を傷つけるようなことを言うのも、モノを散らかしておくのも、全部歳のせい。ありとあらゆることはすべて歳のせいといわんばかり。

歳をとっていること、老人であることがすべての言い訳に使われているのです。「自分は歳をとっているから、○○ができなくて当たり前」――これは「できないこと」探しと同じこと。じつはまだできるかもしれないのに、自ら自分を「老人」と位置づけることで、あきらめたり、できないことにしてしまう。

確かに、歳を重ねていけば、身体のさまざまな機能が衰えていきます。動かしたくても、思うように動かすことができないということもあるでしょう。

でも、身体の筋肉がどんなに衰えても、心の筋肉——チャレンジしたり前向きに取り組もうとする気持ちまで、「歳のせい」にして衰えさせる必要はないはず。

歳を重ねても、歳のせいにしない私でいたい……。

そもそも、「歳をとると衰える」というのも、一つの観念。

豊かに歳を重ねることを望むなら、まずはこの「思い込み」を断捨離しようと思うのです。

・豊かに年齢を重ねたい。
・だから「歳をとる＝老いる＝衰える」は断捨離したい観念の一つ。

自分が心地よいと思う観念を採用

50代を何年か過ごしてきた今、私は毎日が愉《たの》しくて、愉しくて仕方がない。朝、目が覚めると「よし、今日も一日が始まるぞ！」と、思わずワクワクしてしまう。

あなたは、50代という年齢にどんなイメージをお持ちでしょうか？50代といえば、一般的に「おじさん」「おばさん」とくくられてしまう年齢といえるでしょう。かくいう私も、かつては、「衰えが顕著になる年代」というイメージを持っていました。

それはもう、お肌のたるみは気になるし、寝不足のときにできるクマにいたっては、何とかならないものかとなさけない気持ちにもなる。

そういう意味では、たるみがない私、徹夜したってクマなどできない私に戻りたいなあ、と思わないわけでもありません。でも、それは単に外見上のことにのみ焦点を合わせた場合のこと。

いつだったでしょうか、テレビ番組に出演されていた、ある有識者の方が「60代って愉しいですよ。まだ体力もあってどこにでも行けるし、人生で一番愉しい時期かもしれない」とおっしゃっていました。

「60代は愉しい」――。

60代は50代の今以上に愉しくなるんだ！　私はうれしさのあまり、思わずガッツポーズをとっていました。

一方、世の中には「60代は苦しい」と言う人もいるでしょう。もちろん実際のところ自分が60代にならなければ、愉しいかどうかはわかりません。まだ起きてもいない未来のことなど、誰にも予言することはできないし、確かめようもないのです。

愉しいかもしれないし、苦しいかもしれない。

どちらになるかは、現時点では知るよしもありません。

であれば、私は「60代は愉しい」という意見のほうに耳を傾けたい。「60代は愉しいらしい」と想像するほうが、「60代は苦しいらしい」と不安に思っているよりも、幸せだから。

どういう考えを採用するかは本人の自由。選択の自由があるのなら、自分がより快適に思えるものを選んだほうが、断然気持ちがいいですよね。

まだ見ぬ未来だからこそ、不安で曇らせるのではなく、希望で彩《いろど》りたい。私はそう思います。

- **未来は、わからない。愉しいかもしれないし、苦しいかもしれない。**
- **だから、自分が快適と思えるイメージを持ちたい。**

5章
人間関係がつらいと思ったら
——「自分軸」を持とう

1　自分に素直になる

頭で考えず、自分の胸に聞いてみる

自分の気持ちというのは意外とわからないもの。感じるのも、思うのも自分なのに、今自分はどう感じているか、本当はどう思っているかを案外自覚していません。

自分のことなのに、なぜわからなくなってしまうのか？

それは頭が邪魔をするから。

これまでに取り入れた観念やこれまでの経験を元に、正誤で判断しようとするからです。いいのか、悪いのか、と。正しいのか、間違っているのか、と。

自分の本当の気持ちと自分の頭で判断していること。両者の間にズレがある場合、私たちは言い知れぬ違和感を覚えます。

どうも胸がすっきりしない、心にしこりのようなものを感じるというように、小さな違和感の場合もあれば、胸が苦しくなる、胃が痛くなる、発疹《はっしん》が出るなど、身体的な現象を伴う場合も。

私は、「何となくしっくりこないな」と感じたときは、自分の胸に**「私の心は本当はどう思っているの？」**と聞くことにしています。

頭で考えるのではなく、心から湧き上がってくるものを感じとろう、と。

たとえば、知り合いから旅行に誘われた場合。

誘いを受けてうれしいのだけれど、どうも気が進まないといった経験をしたことはありませんか？

気が進まないけれど、「せっかく誘ってくれたのに断っては悪い」「つきあいが悪いと思われてしまう……」といったことが頭に浮かんできて、「行かなければ」とか「行ったほうがいい」という判断に導こうとします。

こうして、「行ったほうがいい」という消極的な理由で、気が進まないのに仕方なく旅行に行ったとき、果たして心から旅を愉《たの》しむことができるでしょうか？「仕方なく行った」という気持ちがどこかにあると、実際のところ、心から愉しむことはできないのでは？

さらに、心から愉しめていない自分を自覚し、愉しそうにふるまわないと誘ってくれた人に失礼だと思うあまり、実際の気持ちとは裏腹に愉しそうにふるまい、それによりますます心が疲れてしまうということもあるのではないかと。

一方、自分の気持ちにしっかり耳を傾けると、なぜ気が進まないのか、その理由が浮かび上がってきます。

その人と一緒に行動するのは愉しいけれど、旅行をするのは時間的に、あるいは金銭面で余裕がない。そうした理由であれば、相手に事情を話し、「またの機会に」と言うこともできるはず。

もしも、その人と行動をともにしたくないというのであれば、そこで決断をするしかありません。

「行かない」のか、「行きたくないけど行く」のかと。

「つきあいが長いし」「世話になったし」「これからも顔を合わせるし」といった、世間的な体面による「行かなくてはならない」理由が、「行きたくない」という気持ちよりも勝るのであれば、それを認めて潔《いさぎよ》く行く。

もしくは、旅行を断ったくらいで壊れる人間関係なら、壊れて結構と「誘ってくれてありがとう。でも今回は都合がつかないのでやめておきます」ときっぱり断る。

いずれにしても、自分の気持ちをしっかり感じとった上で、さまざまなことを考え合わせ、自分で判断し、出した結論であれば、言い知れぬ胸のつかえ、心のわだかまりはなくなるはずです。

・物事を決めるとき、心が重くなってしまうことがある。
・そんなときは「私の心は本当はどう思っているの？」と自分の胸に聞いてみる！

自分の気持ちに「許可」を出す

人間関係が絡むと、自分の気持ちは見えにくくなります。

それは、人間関係を優先しようとするため、自分の気持ちに目をつぶってしまうから。

合宿セミナーでお会いしたリカさんは、「家族を必死で説得し、2泊3日のセミナーに参加した」と自己紹介されました。

主婦であるリカさんにとって、3日も家を空け、家族の食事を作らないということは、「考えられない」あるいは「あり得ない」範疇《はんちゅう》のことだったよう。

リカさんはこれまで旅行の誘いがあっても、友人に会いに行きたいと思っても、家を空けるなんてできない。家族が困るからと、泊まりがけの外出はしてこなかった。つまり、泊まりがけの外出は、どんなに行きたいと思っても、あきらめ、我慢してきたのです。

でも、今回ばかりは「行くぞ！」と決めたリカさん。

「もう本当に、家族を説得するのに苦労したんです。家族に、やましたさんのDVDを見せたり、『セミナーに参加して、私、変わるから』なんて宣言したりして……」

リカさんの熱い語りを聞きながら、思ったこと。じつは、セミナーに参加することに対しブレーキをかけていたのは、家族以上に彼女自身ではなかったか、と。

リカさんは、自分がお金と時間を使って勉強しに来ることに対し、後ろめたさを感じていました。「家族に迷惑をかけるんじゃないか」「家族が困っちゃうんじゃないか」と。自分が後ろめたく思うものだから、家族も同じように思っているに違いないと、必死になって説得をしてきたのでしょう。

でも、リカさんが一番説得したかった相手。それは自分自身。「セミナーに参加しなければならない」と自分を納得させるために……。

確かに、リカさんが3日も家を空けることは初めてで、家族も多少困惑していたかもしれない。けれど、自分のお金を使い、自分の時間を使うのだから、家族には「行きたいから行ってきます」と言ってもいいはず。自分の中での決意がはっきりしていれば、家族も自然とそれを察したことでしょう。

けれど、自分が家を空けることに対し後ろめたさを感じるから、一生懸命、行かねばならない理由をあげて、家族を説得し、自分を納得させる。

自分がやりたいと思っていることに対しても、自分で「どうぞ」と許可を出せない。それが私たちです。

今振り返れば、かくいう私も、結婚した当初は、常に家族の様子をうかがって自分の行動を制限したり、言い訳したりする〝嫁〟をしていました。

「行きたい」という気持ちがあるのに、「どうしても来てちょうだいと、誘われたし」とか「久しぶりなので」などと、行かなくてはいけない理由があるかのように、家族に説明していたもの。

「行きたいんです！」「行ってきます！」と言えば、すっきり行けるのに、自分の気持ちが素直に言えずに、ついつい言い訳めいた表現に。そうして「行かねばならない理由」を列挙して説明しているうち、だんだん違和感が生じてきて「私が自分で自分の時間とお金を使って行くのに、なんでいちいち人の許可を取らなければいけないのかしら」と今度は被害者意識が芽生えてくる。そして「なんで私はこんなに縛られなくちゃならないの！　冗談じゃないわ」とさえ思っていました。

でも、よくよく考えてみれば、行かなければならない理由を言っているのは自分であり、冗談じゃないわという状況に追い込んでいたのも自分。実際のところ、家族をまきこんだ一人芝居ではなかったかと。最初はそれに気づきませんでしたが。

リカさんもかつての私のように、自分で自分を縛りつけていたのでしょう。でも、自分で自分を説得して、泊まりがけのセミナーに参加したことで、彼女はもう変わり始めているのです。

ご自分では意識していないかもしれませんが、リカさんは多大な苦労をしながらも自分で自分に許可を出すことがどういうことかを身をもって体験したのだと。

おそらく、この先彼女は、自分が「行きたい」「やりたい」と思ったことに対し素直に「行きたい」「やりたい」という気持ちを持ち、それを家族にも素直に伝えられるようになっていくことでしょう。

・やりたいと思ったことは、素直に自分に許可を出す!

人間関係を丸く保つ「ありがとう」の威力

結婚してから、私は夫の母親であるお姑《しゅうとめ》さんを間近に見てきました。お姑さんが暮らしているのはとても古い町。「町姑」「村姑」という言葉があるほど、隣近所がまるで厳しい姑のごとくあれこれと口出しをしてくるのです。

そのせいもあり、お姑さんが最も気にするのは、近所の人たちに自分がどう思われるかということ。自分がどう思うか、ではなく、近所の人たちにどう評価されるかが大事なのです。

お姑さんは評価基準、判断基準を完全に他人に預けているわけですが、そうしている自分に全然気づいていません。

その姿を、私は「こうなると苦しいんだな」「こうなると大変なんだな」と、ある種、反面教師のように感じてきました。

けれど、都会とは違い、田舎社会において近所とのつきあいは必要不可欠。わずらわしさもありますが、助け合う隣人の存在があって生活が成立しているところがあります。

こうした場合に、お姑さんのようにならないためには、関係は保ちながらも、近所のうわさ話や井戸端会議に一切関わらないことが第一。

そして、**つかず離れずの関係を維持する上で、有効なのが「ありがとう」という言葉**。

たとえば、「やましたさんはいいわね〜」と冷やかし半分で褒められた場合は、すべて「ありがとう」で切り返します。面白いもので、直接話しかけてくるときは褒め言葉がくるもの。もちろん、それは皮肉まじりの褒め言葉であり、悪口はしっかり陰で言っているものです。

井戸端会議に参加せず、うわさ話も聞かずにいれば、悪口が直接私の耳に入ってきて不快になることはありません。直接耳に入ってくるのは褒め言葉ですから、「ありがとうございます」と切り返してしまえば、話はそこで終わり。それ以上突っ込んでこられることはありません。

「ありがとう」は魔法の言葉。

嫌《いや》みを言われても、相手を傷つけることなく、言われたほうも悪い気がしないまま に嫌みを遮断することができるのですから。

「ありがとう」と言っているかぎりは、相手の意地悪からも、盾のように自分を守ることができます。

他人からの評価よりも、無駄に攻撃を受けたり、気苦労するほうが私にとってははるかに厄介《やっかい》なこと。だからこうして、意図的にそれを避けているのです。

ところが、他人の評価を基準にしているお姑さんはどうかというと、皮肉まじりの褒め言葉に対し、「いえいえ、そんなことはないんですよ……」とお約束通りの謙遜《けんそん》をしてしまうのです。そう答えてしまえば、こういうウソで塗り固めたやり取りが続いてしまって、相手の思うツボ。また、裏では引き続き陰口大会、という構図は変わらず。

つまり、こうした謙遜こそ「油断」。油断を見せてしまえば、悪循環のループが続いてしまう結果に……。

・「ありがとう」は魔法の言葉。

2　自分軸を持つということ

無自覚のまま他人軸になっていた私

お姑さんとは違い、「私は近所の人の目を気にしていない、近所づきあいから解放されている」と思っていました。

ところが、無自覚のうちに、近所の目を気にしている自分に気づかされたことが。

気の合う友人と海外旅行に行った帰りのこと。

当時の私は、40代半ば。もちろん「友人からどうしても、と誘われたので……」などと言い訳じみた説明をするまでもなく、「行ってきます！」と出かけた旅行です。

関西国際空港に着いた私は、何の迷いもなく、旅行の荷物をすべて宅配で送ろうとしました。とにかく小さなバッグ一つで、自分が暮らす街に戻ろう、と。

かたや、友人は重たいスーツケースは送るものの、手荷物サイズで収まる程度の荷物は持ち帰るつもりのようです。

そして、黙々と宅配便の手続きをしている私を見て、その友人が「大変ね……」と一言。

「え、何が？」と聞き返したとたんに、私は「あっ！」と思いました。

近所の目をものすごく気にしている自分がそこにいたのです。

関空に着いて、お財布の入ったバッグ以外は、すべて宅配便で送ろうとしていた私。自分では持って帰らなくてすむようにと配送手続きをしているわけですが、その裏には、「海外旅行から帰ってくる自分が地元でどう思われるのか」という周囲の目を気にする私がいたのです。

「またなにか言われると、面倒だな……」「優雅ね〜とか思われちゃうんだろうな」「わずらわしくて、やだな」と。

まだまだ他人軸になっている私が、そこにいました。

さらに、私は他人軸になっている自分にまったく気づいていなかった……。「知らず他人軸」になっていたのです。

人の目を気にしてしまう、他人軸の行動は、このように意外と根深いもの。意識していているつもりでもふとしたところで出てきてしまうのです。

「○○のせいで」と「○○してあげているのに」

ここでもう一度、無自覚のまま他人軸でいる「知らず他人軸」と、自覚して他人軸でいる「意図的な他人軸」、何がどう違うのか、整理してみましょう。

「知らず他人軸」には、「自分がどう思うのか」という思考がありません。自分がどう思うかを感じないまま、「他人がどう思うか」「他人からどう思われるか」ということを考えます。他人がこう思うから、やる、やらない。あれをしたら、他人からこういうふうに思われるかもしれないから、やめておこう……というように、他人の評価や判断を、自分の行動の指針にします。

一方、**「意図的な他人軸」**というのは、自分軸を持った上で、状況に応じて、他人軸になれること。「私はどう思っているのか、どう考えているのか、どう感じているのか」という自分への問いかけをし、その問いかけの結論を承知した上で、覚悟をして、他人軸になるということ。「意図的な他人軸」は、「他者に対する思いやり」「配慮」と言い換えることができます。

たとえば、お腹がすいていない状態のときに、友人から食事に誘われた場合。

本当は何も食べたくないのだけれど、誘われたからつきあう。これは知らず他人軸です。

「ここで断ると、あの人の機嫌を損ねるかもしれない。仕方ないから行くか」と。

そして食べたくないものを食べて、お腹がはち切れそうになって後悔して「あの人が誘うからだ」となる。

往々にして**自分軸がないと、自分の身に降り掛かる出来事に対して、他人のせいにしてしまいがち**。

ここで自分軸を持っていると、「食事はしたくない。でもその友人とは話をしたい」と、自分の気持ちを確認した上で、「よし、つきあうぞ」ということになる。友人に「食事はしないがお話ししたいのでつきあう」と伝えられます。

自分が自分の気持ちに基づいて判断したことであれば、「誘って来たから、食べたくないのに食べることになった……」と文句を言うのではなく、食事はしないでお話だけできて、結果自分も「愉しかった！」とごきげんでいられます。

もう一つ問題なのは、**他人軸で考えて行動すると、どうしても「してあげている」という感覚が湧き出てくるということ。**「させていただきます」とはならない。これは怖いこと。

思ってしまうのは仕方ないこととしても、「してあげている」という意識を持っている自分がいることに気づき、「『させていただきます』だった!」、と自分を戒《いまし》める視点がほしいもの。

たとえばボランティア活動。これは、「させてもらっている」という感覚がとても必要だと思うのです。

みんながやっているし、したほうがいいだろう。みんながやっているのに、自分だけボランティア活動をしないのでは、薄情な人間だと思われる。

もし、このような他人軸からボランティア活動をした場合、どうなるか?

「こんなにしてあげているのに……」という気持ちになってしまうでしょう。

こんなに自分が大変な思いをしてまでしているのに……と不満が噴出したり、見返りを求めたりする。

それではやっている本人もつらいし、ボランティアをされている側もつらくなってしまいますよね。

ボランティアは、自分軸から「感謝・懺悔《ざんげ》・下座《げざ》・奉仕」の心を持ってやりたい。他人の評価を得るための、他人軸によるボランティア、結果を期待するような執着心からのボランティアなどあり得ないのです。

・「○○のせい」という被害者意識や、「○○してあげているのに」という期待が生まれるのは、自分軸がないから。

「介護問題」こそ自分軸で

いつか訪れるかもしれない、親の介護という事態。

自分の親、あるいは配偶者の親が、もしかすると数年後に寝たきりになるかもしれない。こうした漠然とした不安は、誰もが持っていることでしょう。

なるかもしれないし、ならないかもしれない。それは誰にもわからないこと。どうなるかわからない未来を想定し、不安をかき立てるというのはおすすめできませんが、自分軸をしっかり持っていれば、万一介護することになった場合も、覚悟を決めて受け入れることができるのではないでしょうか。しぶしぶ、仕方なく介護を引き受けるのではなく、「よし、引き受けよう」という意志を持って……。

2章でご紹介した、「物置の断捨離」をしたようこさん。彼女は「自分軸を持つことで、介護に対する気持ちがラクになった」といいます。

親にとってはいい娘、夫にとってはいい妻を演じ切ってきたようこさん。自分軸を持つ、持たないにかかわらず、自分の親であれ、夫の親であれ、介護する必要が生じた時点から、完璧に介護をこなしたことでしょう。しかし、もしもようこさんが自分軸を持たないまま介護に取り組んだとしたら、完璧にこなす過程で、自分自身をひどく損なっていたかもしれません。

自分軸を持つことによって「介護がラクになる」とはどういうことか。

どうして自分軸を持つことで、介護がラクになるのか。

かつてのようこさんは、自分にとって大事な用事があっても、それをあきらめ、我慢して介護に当たるタイプでした。そこには「自分が犠牲になれば、みんなが助かる」という他人軸で判断する癖、自分はいい娘、いい兄弟であらねばならないという観念が透《す》けて見えます。

こうした気持ちで完璧な介護を続けていったとしたら、ようこさんはとても苦しんだはず。ところが、断捨離で自分軸を得たことによってようこさんは、一緒に親の介護に関わる自分の兄弟、兄弟の配偶者に対して、きちんと自分の主張を伝えることができるようになったのです。たとえば、「水曜日と金曜日はどうしても行けないの。でもそれ以外の曜日であれば、私はいつでも行けるわよ」というように。

主張を伝えることができるようになったことで、何が変わったか？

ようこさん曰《いわ》く「自分が介護に関わるときと関わらないときのメリハリをつけることで、心にゆとりが生まれました。おかげで、以前より、介護に専念することができるようになりました」と。

そして、「兄弟も、兄弟の配偶者も、私のことをすごく信頼してくれています。お互いに都合をつけて、介護にあたるというよいサイクルができました」とも。

自分が犠牲になり、どこかで被害者意識を持ちながら、漫然と介護をしていたとしたら、ひょっとしてご兄弟との関係もぎくしゃくしてしまったかもしれません。「本当はもっと手伝ってほしいのに……」「なんで私ばかり……」などと不満が募って、感情が爆発したり、あるいは鬱屈《うっくつ》した感情に支配されたり、ということにもなり兼ねなかったでしょう。

他人軸に基づく行動は、自分がそれをすることへの覚悟が決まっていないので、結局中途半端な結果になりがち。そして、場合によっては、軸とした他人との関係をも悪くさせてしまう。

けれど、澱《よど》みない決意を持って自分軸で行動すれば、相手もそれを察してくれるもの。しかも次第に周りも、その姿勢に感化されて、結果的に良い循環が起こっていくのです。

・他人軸の行動は、被害者意識を伴いがち。
・自分軸で行動すれば、心に余裕も生まれる。

自分勝手と自分軸の違い

「自分軸」の話をすると、「自分軸で、快か不快かを自分に問いかけ、快のほうだけを選ぶようになったら、それは自分勝手になってしまうのではないですか？　自分軸と自分勝手は、どう違うんですか？」という質問が必ず出てきます。

「自分軸を持つ」とは、自分の心に快か不快かを問い、自分で思考し、自分の意志に基づき行動すること。最終的には、そうした選択決断・行動の末、「自分の命を守る」こと。

「快か不快かを感じて、行動する」というと、自己中心的な印象を持たれるかもしれませんが、自分自身で思考するという中には、敢えて不快を引き受けるという選択肢も含まれています。

確かに私たちは自分軸を持つことによって、自分にとって快なのか不快なのかを感知できるようになります。「快」のほうを単純に選択すればいい場合もありますが、中には「不快」ではあるけれど、それを避けることはどうしてもできないという場合も。たとえば仕事上どうしてもつきあわなければならない嫌な上司がいたとしても、「嫌だ」と決めつけ思考停止するのではなく、「不快」「嫌い」の位置取りをふまえておく。快と感知したからOK、不快と感知したからNOという、短絡的な発想ではありません。

不快のサインは感知しているけれど、これは引き受けざるを得ない、と思考すれば、それを引き受ける。そうした選択もある、ということ。

要は、自分がどう感じているのかについて無自覚なまま思考し、選択するのではなく、どう感じているか自覚した上で、思考し、選択することが、自分軸。快か不快かを感じ抜いた上で、意図的に他人軸を用い、敢えて不快も引き受けることができる。それが自分軸を持つということ。

自分のことしか考えず、他者のことは一切考えないというのは「自分勝手」。自分の感情を感知した上で、他者のことも考えられるのが「自分軸」。

自分勝手と自分軸は似て非なるもの。自分軸が確立できているからこそ、他人軸にも自在に軸を持ち換えることができるようになる。意図的に他人軸になれる。

自分軸が確立していないと、他人軸に振り回され、「これだけしてあげているのに」という被害者意識を募らせたり、「期待という執着」を持つようになってしまう。

相手によかれと思って始めたことが、最終的に、相手をうらみ、相手に何かを過剰に求めるという粘っこい感情に変わるのでは、悲しいですよね。

「だって、○○○○してあげたじゃない」「ここまでしたのに、○○○○してくれない」という言葉がつい出てきたら、要注意。「知らず他人軸」になっていないか、自分に問いかけてみましょうか。

断捨離で、自分軸を取り戻そうと言っているのは、自分勝手を推奨《すいしょう》しているわけでもなければ、自己中心的になることを奨励《しょうれい》しているわけでもありません。まずは**心のセンサーを磨いてみよう**、ということ。

他人の意見や世間体などは置いておいて、自分の心の奥の声に耳を傾ける。そうして「快・不快」を感知した結果どうするかは、自分の自由。

そんなの当たり前かもしれませんが、住まいにはびこる、不快で用をなさないゴミ・ガラクタの数々を見ていれば、それが誰にでも自然にできることではないのがおわかりになるでしょう。だからこそ、まずは**モノでトレーニング**。

センサーがきちんと機能するように、そして、納得のできる決断ができるようにするために、ヘドロのように身の回りにまとわりついた、無駄なモノ、意味のない観念、わずらわしい人間関係を片づけていくのです。

・「自分勝手」とは、自分のことしか考えないこと。
・「自分軸」とは、自分の感情を感知した上で、他人のことも考えられること。

3 「怒り」や「被害者意識」と向き合う方法

被害者のポジションは魅力的

自分軸で考え、行動していると、**「どんな結果をも引き受けよう」**という覚悟が決まります。ところが、他人軸で考え、行動していると、往々にして被害者意識が芽生えがち。「○○のせいで……」と思い続けているかぎり、人生はごきげんな状態とはほど遠いものになるでしょう。

そして、これがとても重要なこと。**被害者であることと、被害者意識を持つこと**

は全然別の問題だ、ということです。

被害者というのは、なにかしらの災難に遭《あ》い、実際に被害に遭った人を指します。

一方、被害者意識というのは、そうした災難に遭った際、その原因となった対象に対して恨みつらみを抱き、自分は被害者だと意識すること。つまり、こうは考えられないでしょうか？　仮に自分が被害者であったとしても、「被害者意識を持たない、あるいは過剰に意識しないという選択肢もある」のだと。


被害者意識を持つと、人は攻撃的になります。なぜなら、被害者というのは社会から補償されてしかるべき存在であると思っているから。「こんなに被害を受けたんだから謝れ。そして、この問題をなんとかしろ！」というわけです。

言い方を換えると、自分は被害者であるという主張は武器になる。

たとえば、電車が遅れたときに、「電車が遅れて遅刻した。オレは被害者だ。なんとかしろ！」と駅員さんに食ってかかる人がいます。駅員さんは何も悪くないとわかっているのに、被害者意識を持ったことで、何も悪くない駅員さんを怒鳴ってしまえるのです。

気をつけたいのは、無意識のうちに被害者意識を持っている人が、社会的に明確な被害者の立場を得たとき。

はっきりした被害者意識を自覚していなくても、「あんな親だったから、自分はこんなになった」「あんな兄弟がいたから、私はこうなった」というように、私たちは、家族関係や人間関係の中で、知らず知らずのうちにそうした感情を育んでしまっていることが往々にしてあります。

そうした被害者意識を持った人は、なにかのきっかけで、実質的に「被害者」というポジションを得ると、これまでの憂さを晴らすかのように、反撃に出ることが。「謝れ!」と言える状況に陶酔《とうすい》してしまうのです。攻撃しても容認される被害者のポジションは、被害者意識を募らせた人にとってはある意味、魅力的なポジションなのです。

しかし、被害者のポジションを得て、攻撃的になり声高に謝罪を求めている姿は、決して美しいものではないし、そこで得られた謝罪そのものは、その人が本心から求めていることではないはず。

一方、直接的な被害を被《こうむ》っても、これは「自分の人生の中で起きたこと」と受け止め、被害者意識から離れられる人、あるいは心の中で早く風化できる人もいます。なぜなら、被害者意識を持ち続けることはつらいこと。無理に忘れようとすることはかえって心の負担になりますが、「被害者だから被害者意識を持つことは当たり前」という前提を取っ払うだけで、ふっと心がラクになるということはあります。

もちろん、地震や津波などの自然災害をはじめとして、自分にはどうしようもない、降って湧いたような不幸な出来事も世の中にはあります。そういった場合、すぐに被害者意識を手放すことが難しいかもしれませんが、被害者意識に染められた人生を送りたい、という人はいないはず。

どんな事態であったとしても、被害者という「事実」だけを受け入れ、対処していくような姿勢でいたい。なぜなら、いかなる外的要因があろうとも、最終的に自分の人生の色合いがどんなものになるかは、私たち自身の意識の持ちようにかかっているのだから。

・被害者であることと、被害者意識を持つことは別の問題。

怒りの感情が湧き出るところ

ある日、私の地元・石川県のフリーペーパーの編集者から取材の依頼がありました。通常、そうしたことは、マネージメントを担当する事務局を通してやりとりするのですが、なんといっても地元、誰かから連絡先を聞いたのか直接私に連絡がありました。

電話の段階では、取材を引き受けることにし、取材の詳細はメールでやりとりしようということに。

その後、その編集者の方から届いたメールが、私の怒りに火をつけることになったのです。

「フリーペーパーのため予算がありません。つきましては、取材費はなしでお願いしたいと存じます。その代わり、地元のよしみで、やましたさんの著書の宣伝と、公式サイトへのリンクをはるようにします」

私は、この文面に、腹立ちにも似た違和感を覚えました。

「費用がありません。でも断捨離を伝えたいので、是非取材させてください」と書かれていたのであれば、私はすぐさま、「わかりました」と引き受けたことでしょう。取材費が無料であること自体を問題にしているわけではないからです。

私が、そのメールの中で反応したのは「地元のよしみで」という一文と、取材費が出せない代わりに、公式サイトと著書の宣伝をするという取り引きめいた提案。そのような馴《な》れ合いと、取り引きのような態度がどうにも解《げ》せない。

もちろん、私が、そうした態度に違和感を覚えるのは、断捨離が、あまり地元の人やメディアに評価してもらっていないという、わだかまりを勝手に抱いていたからかもしれません。

少しばかり腹を立てながら、考えました。「私はどうしてこんなに気に障るのだろう?」と。わかったのが、「人は、理解してほしい相手に、自分が理解してほしい形で理解してもらえないと怒る」ということ。

私の場合は、じつは地元に一番理解してほしくて、評価してほしかった。そんな矢先、地元のフリーペーパーの編集者が地雷を踏んでしまったわけです。結果、取材は丁重にお断りすることに。原因は、その編集者自体に問題があったというより、私が「地元のよしみで」という言葉に過剰に反応してしまったことにあります。

こう理解されたいというのは、こちらの問題。相手には関係ありません。ですから、相手に感情をぶつけたいとは思いません。きっかけをつくったのは相手かもしれませんが、原因はこちらにあり、しかも、こちらの勝手な事情があってのこと。こうした考え方もまた、「自分軸」があればこそ整理できるというもの。

聖人君子のように決して怒らない人間にはなれそうもないですが、怒りに対してこうした考察ができ、怒りが起因するものの正体さえわかれば、大概はそこで解消できるのです。

そうすれば、誰かを不必要に恨んだり、憎んだりすることもなくなるのではないでしょうか。

年賀状、どうしてますか？

新しい年を迎えるにあたり、最初のご挨拶として出す年賀状。

師走《しわす》を迎え、世の中が慌ただしくなり始めると、「今年はどうしよう」と思い悩むという方も多いのではないでしょうか？

ここ数年、私の夫も、友人から「年賀状はどうしている？」と聞かれることが増えてきました。

夫は60代前半、サラリーマンだったら定年を迎える年代。そこで、サラリーマンの友人が「どうしている？」と聞いてくるわけですが、その友人はどうやら「年賀状をそろそろ整理したい」と思っているよう。

ちなみに、私の夫は年賀状を全然出しません。私自身も、年賀状を自分から出すことは断捨ってしまい、いただいたら出すことにしていましたが、それも今はしていません。

友人からの質問を受け、夫が「こっちから出さなきゃ、向こうからこなくなるよ」とあっさり答えると、「そんなわけにはいかない」とその友人は言ったそう。

「そんなわけにはいかない」とわかっているのであれば、人に「どうしているか」などと聞くまでもないと思うのですが、その「そんなわけにはいかない」という言葉に、私は興味をそそられました。

本当に年賀状を出したい、もらいたいという関係でないのはわかっている。お互いに面倒だと思っているにもかかわらず、その友人は「自分から出すことをやめるわけにはいかない」というのです。

つまり、**自分のほうから先に悪者になりたくない**ということ。先に悪者になるのは嫌だから、面倒と思いながらも仕方なく年賀状を出すわけです。

学生時代に親しくつきあっていた友人でも、学校を卒業すると疎遠になってしまうことはいくらでもあります。同じ時間を共有し、同じことを学び、語り合った友であっても、お互いの環境が変わり、時を経れば、関係は変わっていく。

時間の経過の中でモノと自分との関係が変わっていくように、人と人との関係も変わっていくもの。

その関係が仕事上のものであれば、なおのこと。

年賀状が、親しい人との間で交わされるもの、お互いに消息を知りたいと思う人の間で交わされるものであれば、人間関係が変わっていくのに準じて、年賀状を出す相手も変わってくるはず。

しかし、一度でも年賀状を交わしたことがあると、関係が薄れ、互いに面倒と思うようになっても、一方が出すことをやめるまで、年賀状を交換し続けることになってしまうのです。そんな人間関係ってどう思いますか？

年のはじめの挨拶状が、「悪い人に思われたくない」からという消極的な理由により交わされているとしたら、めでたいどころか、何ともさみしい話ですよね。

・時間とともに、人間関係も変わっていく。

「いい人に思われたい」か「いい人でありたい」か

人から悪く思われたくない、という気持ちは誰にでもあります。

もちろん、私にも。

確かに「あの人って、ちょっとね……」と陰口を言われるよりは、「いい人ね」と言われたほうが気分はいいですよね。

悪く思われるよりはよく思われたほうがいいのは明らかですが、人というのは往々にして、必要以上に「よく思われたい」と思う傾向があるように思います。

その証拠に、人は自分が嫌いな人からも「いい人だと思われたい」と願います。

自分が嫌いなら、相手が自分のことを嫌いであってもまったく不思議はないのに、よく思っていない相手からもよく思われたいのです。

いったいどこまで「いい人と思われたい」のか……。どこまで「いい人」と思われれば満足できるのか……。

「いい人に思われたい」というのは、他人の評価を求める態度。自分が「いい人でありたい」と願うのではなく、他人から「いい人だ」と評価してほしいということです。いうまでもなくこれは他人軸の発想。

それに対し、**「いい人でありたい」と願うのは、自分軸からの発想。**そこには、意図と意志があります。

「いい人でありたい」と精神的に精進をすることによって、結果として、周りの人たちから「いい人ね」と言われることはあります。

人から評価される状態は同じであっても、「いい人でありたい」と思うことと「いい人に思われたい」と思うことには大きな隔たりがあるのです。

「そう見られたい私」と「実際の私」が違うように……。

誰かに評価されるためにではなく、自分が信頼できる自分になるために「いい人」を目指したいなと思うのです。

・「いい人に思われたい」は他人軸の発想。
・「いい人でありたい」は自分軸からの発想。

6章

断捨離で「自分人生」を手に入れる

——何が起こっても大丈夫な自分に

1 引き受ける

覚悟と勇気のある楽天家

断捨離とは、自分の身の回りにあるモノ、観念、人間関係を絞り込んでいくアクション。絞り込むときに物差しにするのが、「自分軸」であり「今」という時間軸。つまり、今の自分が考え、思い、感じ、そして選択決断し、その始末をつけていくこと。

最初は、**無意識のままに自らがかけている制限**に気づきます。不要な観念に気づく、と言ってもいいかもしれません。そして、選択決断をするというプロセスを通して、その**制限や観念をはずしていく**。つまり、**自分自身の手で選択の自由を与える**ことができるようになります。そして、**結果をも潔《いさぎよ》く引き受けられるように**。

断捨離が目指しているのは、そんな、「覚悟と勇気のある楽天家」です。

断捨離を継続していくとどうなるか？

次第に、自分の身に降りかかるあらゆる事態を、**俯瞰《ふかん》で観られるようになります**。つまり、目先の対象にとらわれることなく、時間や空間、あるいは関係性など「間」に本質があることに気づいていけるように。

結果、あらゆるモノ・コト・ヒトに対し、以前よりも余裕を持って対処できる、**大らかで果敢《かかん》な自分になる**ことができます。

- **断捨離とは、モノ、観念、人間関係を「自分軸」と「今」で、絞り込んでいくアクション。**

ネガティブな感情も受け入れる

たとえば、誰か、あるいは何かに対して負の感情を覚えた場合。私たちは「ネガティブな感情はよくない」「ポジティブな感情はいい」というように感情に対して二元論で捉えるよう教育されたため、どうしても負の感情を抑えようとします。

しかし、負の感情を覚えるのも人間であれば当たり前のこと。うれしいのも、悲しいのも、怒るのも当たり前。どれも自然な感情。全部ワンセットなのです。

ごく自然な感情の発露に対し「ネガティブな感情は持つな！」と自分に制限をかけたら、つらくなるだけ。苦しくなるだけです。

ネガティブな感情もポジティブな感情も、自分の感情として見つめ、受け止める。それが断捨離のスタンス。

以前、セミナーの合間に、ある受講生の方が思いあまった様子で相談に来られたことがあります。じつはその方の息子さんは、数年前に亡くなられ、そのときぼちぼちとその遺品の整理を手がけていました。しかしなかなか思うように進まない……。それがセミナーに来られた直接の動機。

その方は言いました。

「息子のモノが残っているといつまでも悲しさが込み上げてくるから、早く処分して前へ進みたいのです」

でも、私はどこか違和感を覚えました。

「いつまでも悲しんでいてはいけない、というのはあなた自身の想いですか？」

と尋ねると、その方は首を横に振りました。つまり、そんなことを言っているのは周りの人たち。まだその方には、悲しみに浸る時間が必要。自分の感情と違うことをしようとしていたからつらくて、思うように進まなかったわけです。

「どうか思いきり泣いて泣いて泣いて」

と私は彼女に、今の悲しさを封じ込めないようにと伝えました。

どうか自分の感情に許可を出してほしい。ありのままの自分をただ認めてあげてほしい。ネガティブな感情に蓋《ふた》をしても余計苦しいだけなのだから。

怒りを覚えた場合も「ああ、そうか、自分は今怒っているんだ」と自覚するだけ。

そして「何に対し、自分は怒りを覚えたのか」「その怒りはどこからきているのか」を考察すればいい。

自分の感情に目をつむっていては、見えることも見えなくなります。自分の感情に素直に寄り添うことができれば、次第にその想いは癒えていくのだから。

・怒りを覚えたら「今怒っているんだ」と自覚する。
・悲しかったら「今悲しいんだ」と受け止める。

つらさも後ろめたさも引き受ける

自分の感情に寄り添い、自分で考え、解決策が見えたら、自分で選択し、決断する段階に入ります。

私たちは、誰の許可を得ることもなく、自分の思うように選び、決めることができる。そのことに関し、私たちは120%自由です。

しかし、その一方で、自分が選び、決めたことに対しては自分で責任を持たなければなりません。仮に、後ろめたさやつらさを経験しなくてはならないとしても、それを引き受けるということです。

また、生を受けた者が、必ず死んでいくように、**すべての物事には、始まりと終わりがあります。出会う喜びがあれば、別れるつらさがある。**それが生きるということ。

何かを捨て、何かを断ち、何かから離れることは、後ろめたさやつらさを伴って当然。でも、そうした心の痛みを引き受けてこそ、新たな喜びやうれしさに出会えるのではないでしょうか。

「不要・不適・不快」になってしまったモノ、観念、人間関係は、本来どういうかたちであるにせよ、手放していく必要があります。けれど、後ろめたさやつらさを引き受けるのが嫌だから、始末をつけず漫然と放置。大切にしているわけでもないのに、ただ脇に置かれただけの状態だとすれば、その関係性自体がすでに打ち棄てられているようなもの。

かつて喜びをもたらしてくれた物事であるならば、「これまでありがとう」と感謝の意を込め、処分するつらさも引き受けて、自らの手で荼毘《だび》に付したいもの。あるいは、きちんと使いこなすことができなかったのであれば「ごめんなさい」と潔く謝罪して手放していく。それこそが、自分が接し、親しんできた物事に対する敬意ではないかと思います。

「大切だからこそ、きちんと手放す」という姿勢。後ろめたさもつらさも引き受け、自ら始末をすると、自分にとって好ましくないことや不都合なことが起きても、誰かのせいにしたり、何かのせいにすることがなくなります。

「プロは言い訳をしない」と言いますが、人生の達人になるということは、おそらく「自分の人生に言い訳をしない」ということなのでしょうね。

・大切な物事だからこそ、後ろめたさも引き受け、きちんと手放す。
・それは、「自分の人生に言い訳をしない」ということ。

2 俯瞰《ふかん》する、自己肯定感をつくる

自宅の引き出しで、人生を俯瞰する力を培《つちか》う

「世界遺産」をテーマにしたあるテレビ番組を観ていたときのこと。

ナスカの地上絵について、司会者が「あれだけ大きな絵だから、地上だと『あ、鳥だ』とわかるようなポイントはどこにもないのに、上空から見たらちゃんと鳥になっているから、すごいですよね」と話をふったところ、ゲストの書道家・武田双雲《たけだそううん》さんが興味深い発言をされました。

「自分も体育館で大きな書を書きます。書いているときは、大きな紙の中で、自分

が今書いている一筆が、いったいどんなバランスになっているのかはまったくわかりません。でも、書き上げると、それぞれの字が、字を構成する一筆一筆が、紙に対してほどよいバランスになっているのです」

この言葉を受け、さらに司会者が「プロのサッカー選手も、ピッチ全体が見えているそうですね。パスを1本出すのにも、ピッチ全体の動きを見て、どこに出すのがよいかを瞬時に判断しているそうです」と言いました。

書とサッカーではずいぶん趣《おもむき》が違いますが、共通しているのは、必要に応じて、本来持っている視界を超えた、高い視点・広い視野を持つことができるということ。

つまり、私たちはもともと脳に俯瞰する能力を持っているということではないでしょうか。だから飛行機がなかった時代にも、全体を見下ろせるような高いポイントがなくても、ナスカの地上絵が描けたのかもしれません。

もちろん、武田双雲さんもプロのサッカー選手も、そうした「俯瞰力」を一朝一夕にして身につけたわけではないはず。双雲さんであれば、視界に収まる紙の上で何度も筆を走らせ、バランスよく字を配置する経験を繰り返したことにより、何畳分もある大きな紙の上でも同じように書くことができる「俯瞰力」が身についたのであって、サッカー選手であれば、日々の練習や試合経験を積む中で、ボールの音、他の選手の気配や動きに対する感性が研《と》ぎすまされていくうち、ピッチ全体を見渡せる「俯瞰力」が身についたのでしょう。

能の世界には「離見《りけん》の見《けん》」という言葉があります。

能の芸論書である『花鏡《かきょう》』の中で世阿弥《ぜあみ》が説いたもので、離見とは客観的に見られた自分の姿。観客が見る役者の演技は離見であるから、離見を自分自身で見ることが必要であり、自分の見る目が観客の見る目と一致することが重要だ、というわけです。

これは私の考えですが、それはただの「客観視」とは違う能力ではないかと。一人の観客の視点になって自分を見つめるだけではなく、舞台全体、空間全体も踏まえて、広い視野で自分の一挙手一投足を見据えるような感覚だと推測します。

今から600年前の時代を生きた世阿弥もやはり、自分の姿を遠くから離れて見る力、断捨離流にいうならば「俯瞰力」を持ち、その重要性に気づいていたのではないでしょうか。

人生は能舞台とは比べものにならないほど混沌《こんとん》としていますが、それぞれの人生を舞台にたとえるなら、自分の人生の舞台で主役を演じる私たちにも「離見の見」＝「俯瞰力」が必要かと。

自分の人生を俯瞰できていれば、「ちょうど今は、流れが停滞しているんだな。でも、もう少しすれば流れが取り戻せそうだ。大丈夫」と、**冷静な思考能力とともに、心の奥深くにあるメッセージを拾うことができたり、ひらめきや直感も冴《さ》えてくるので、未来に対して闇雲《やみくも》に不安になることもない**でしょう。

断捨離をしていると知らず知らずのうちに、こうした「俯瞰力」が養われます。芸術やスポーツなど、特殊な世界にかぎったことではなく、日常で身につくのです。

モノを通じて「快・不快」を感じる回路を取り戻し、自分の感情に素直に寄り添い、選択決断のために思考する。つまり、モノの取捨選択の過程で「思考・感覚・感性」の回路を磨いていき、最終的にはモノを手放すという実践を促します。そしてその結果も潔く受け入れる。この繰り返しの中で、片づけにおいては、モノだけを見つめていた視点から、次第に〝住まい〟という空間を見据える視点へと移行することができます。もちろんその能力は、モノ・コト・ヒトすべてに応用可能な自在な力。

言い換えれば、断捨離は俯瞰力をつけるためのトレーニング。自分の家の引き出しから手軽に始めることのできる、俯瞰力を強化するトレーニングなのです。

・断捨離は俯瞰力をつけるためのトレーニング。
・人生を俯瞰できれば、ひらめきや直感も冴えてくる。

制限をはずすとセルフイメージが変わる

今の自分にとって「不要・不適・不快」なモノを始末していくと、自分が何を大切にし、何を好み、どんなことを望んでいるのかが、わかるようになります。

何事に対しても、あまり強いこだわりをもたなかったヒデさん。ただ、道具を揃えないと気が済まないタイプで、会社の同僚からスキーに誘われると、スキーの道具一式を揃えてスキー場に行き、ボウリングに誘われるとボウリングの道具一式を揃え、ボウリング場に出かけたそうです。

自分が好きかどうか、やりたいかやりたくないかを考える前に、誘われると反射的に「行く」といい、そのたびに道具を揃えるため、ヒデさんの家にはスキーやボウリングをはじめ、使わなくなったさまざまなレジャー道具・用品がひしめくような状態だったとか。

そんな状態に嫌気がさしていたときに「断捨離」と出逢ったヒデさんは、要らないモノ、使わないモノ、好きでないモノを捨てまくりました。

そして、空間に余裕ができ広々とした我が家で気分一新したヒデさんは、車を買い替えようと考えました。今までのヒデさんなら、国産車にしか目が行かなかったところですが、断捨離をしたことによりヒデさんの意識に変化が。

何の気なしに外車も見てみようと、インターネットで「ベンツ」を検索。すると中古車で3件ヒットし、そのうちの1件がたまたまヒデさんの家の近くにある修理工場のものだったのです。断捨離されたそのベンツは、型は古いけれどとてもいい状態で、なんと55万円だったとか（世の中にはベンツを断捨る人もいるのです）。

どうしようか考えた末、ヒデさんはあるお金が浮くことに気づき、それをベンツを買う代金に充てました。浮くお金とは、断捨離をしたことにより、買う必要がなくなった物置の代金、そして同僚から誘われたゴルフに行くためにかかるお金一式です。

誘われたから行くつもりだったけれど、「自分は本当にゴルフをしたいのか」と考えて、別にしたいわけじゃないことに気づいたため、ゴルフ道具一式を買うお金、ゴルフの練習場に通うお金、ゴルフ旅行に行くためのお金が必要なくなりました。

つまりヒデさんは、「国産車しか運転しない自分」という思い込みをはずし、「本当に自分はゴルフをやりたいのか」と問い直すことで、ベンツを手に入れたというわけです。かつての自分ではあり得なかった発想で、あり得なかった行動をすることで、国産車だけでなく「外車も運転する自分」へと**セルフイメージを変化させた**のです。

また、ヒデさんが、我が断捨離ハウスに遊びに来た際のこと。たまたま近くで開催されていた「陶磁器祭り」に行ったのですが、一生懸命選んだ末、半額で3000円の湯吞みを買っていました。

世の中には7～8000円の湯吞みを使っている人はいくらでもいるでしょう。

でも、ヒデさんはこれまで、おまけでもらった湯呑みを使ってきました。好きでもないボウリングやスキーの道具を一式揃えるくらいですから、何千円もする湯呑みが買えなかったわけではありません。単純に、セルフイメージが低かっただけのこと。

毎日手にする器にもかかわらず、かつてのヒデさんは自分に粗品しかあてがいませんでした。つまり、丁寧に作られた、価値ある湯呑みを自分に与えるということに対し、許可を出してこなかっただけなのです。

・「不要・不適・不快」なモノを始末すると、自分の好きなものや望みがわかる。するとセルフイメージも変わる！

信頼すれば心配は消える

心配や不安はどこからくるのでしょう？

たとえば、親は子どもに対して「あなたのことが心配なんだ」とよく言います。幼い子なら、転んで怪我をするのが心配。学校に通う子なら、遊んでばかりで成績が悪くならないか心配。成績が悪くて、進学・就職できないかもしれないと心配。

心配の種はいろいろですが、なぜ心配になるのかといえば、要は、子どもを信頼していないから。うちの子は、すぐに転んでしまうだろう、遊んでばかりいるだろう、成績が悪いだろう、と。

うちの子はバランス感覚がいいから転ばない。あるいは多少怪我をしても大丈夫という信頼感があれば、転んで怪我をするかもしれないという心配はだいぶ少なくなります。

うちの子は思いっきり遊ぶけど、やるときはちゃんと勉強するという信頼感があれば、成績が悪くなるかもしれないという心配はなくなるでしょう。

万一成績が悪くても、うちの子は素直で思いやりがあるから、きっとそこから道が開けるだろうという信頼感があれば、子どもの将来に対する心配はなくなるはず。


「心配している」というとあたかも「大切に思っている」かのように聞こえますが、じつは「信頼していない」ことの表われ。


私たちが自分の未来について抱く不安や心配も同じことです。**自分を信頼していくことができれば、未来を心配することはなくなります。**未来に対し不安を感じることは減っていくのです。

心配すれば心配しただけ、不安になれば不安になった分だけ、未来が安心に満ちたものになると約束されているならば、心配したり、不安になることにも意味があるでしょう。

でも、実際は決してそうではないですよね。

未来に対する心配や不安は、心配や不安を抱く今という瞬間まで暗く染めてしまいます。誰も予測できない未来について過剰に心配し不安になることで、大切な今を損なってしまっては何の意味もありません。

心配や不安から解放される確実な方法は、他でもない今の自分自身を信じることなのです。

・自分を信頼していれば、未来を心配することはない。
・未来を憂いたくなければ、今の自分を信頼していけばいい。

お気に入りに囲まれた環境が「自己肯定感」をつくる

「個人心理学」とも呼ばれるアドラー心理学では、自分を好きであること、他者を信頼できること、自分が何かの役に立てることが幸福の条件であると言っています。

自分を好きでいられるのも、他者を信頼することができるのも、何かの役に立つことができるのも、その前提として、まずは自分で自分を信頼できればこそ、と私は思うのです。

自分自身を疑っていたら、他人など信じられるはずもありません。また自分にも他人にも疑心暗鬼でいながら、何かの役に立つことなどありませんよね。

自分を信じることは、幸せの基本なのです。

では、自分を信じるということはどういうことなのか？

それは、**自分で自分を承認すること。**

これまでの自分では考えられなかったような大それたことでもしないかぎり、自分で自分を承認するなどできない……と思う方もいるかもしれません。

けれど、自分を承認するのは、じつはそれほど難しいことではありません。**自分**

が選んだモノ、自分が好きなモノ、厳選されたお気に入りに囲まれて生活すればいいのです。つまり、環境から自己肯定感を養っていく。どうでもいいものは手放し、選《え》りすぐりのモノと快適な空間を自分自身に与える。これが、すなわち自分を承認することになります。

自分の身近にあるモノに不信感・不安感がある状態は、無意識のうちに「自分の人生は心配と不安に満ちている」という刷り込みをしているようなもの。

断捨離はモノを通して環境を整え、自分を承認するというアクションでもあるのです。

・お気に入りに囲まれた環境で暮らす。それが「自分を信じられる自分」を養う。

3 終わらないのが人生

断捨離は続く

部屋を明るくしたいとき、私たちは電気のスイッチを押します。電気がそこにあっても、オフのままでは、明るくならない。スイッチをオンにすれば、明かりが灯《とも》ることを知っているので、スイッチを押し、オフからオンに切り替えるわけです。

人生も同じようなことがいえるのではないでしょうか。

いろいろな方と対談をして思うことの一つが、**「人生というのはもともと愉しむように設計されているんだなあ」**ということ。ただし、スイッチを押さなければ、愉しめる人生は起動しません。

不機嫌な顔をし、自分の境遇に対する不満をこぼし、自分の不幸を何かのせいにして恨んでいるような人のところには、幸せの神様も近寄りたくはないはず。

愉しい人生、幸せな人生を望むのであれば、自分の中のスイッチをオフからオンに切り替える必要があるのかと。

断捨離は私にとって、自分の人生にスイッチを入れるメソッドでありアクション。

自分の周りにあるものを見つめ直し、モノと自分の関係を問い直していき、結果ごきげんな自分を手に入れることができる。

もちろん、生きていればモノが入り込んでくるし、別な観念が作られるし、新たな人間関係が築かれるので、今でも、窮屈な気持ちになったり、不愉快な思いをしたり、怒りを覚えたりすることはあります。

でも、それが人生。

断捨離は、一度やったから、それで終わりというものではありません。すべて片づいて終わるというものではないのです。車を定期的にメンテナンスするように、心の環境も必要に応じて断捨離することでメンテナンスしていく必要があります。

かくいう私にも、まだまだ断捨離できないモノがあります。それは、昔から抱えているとても根が深いモノであり、私は未だにそれに苛《さいな》まれます。できることなら、きれいさっぱり捨て去ってしまいたいと、これまで強く思ってきました。けれど、最近は、断捨ることのできないこの強烈な存在が、私の断捨離をブラッシュアップしているのだと思えるようになってきました。

生きているかぎり、断捨離は続きます。トライ&エラーの繰り返し。前より三歩進んで二歩下がったけれど、一歩進んでいるな、という感じ。

それをめげずにやってきたとき、ふとブレイクスルーする瞬間がある。それが俯瞰という感覚。

でも、それで終わりということはない。

さらにごきげんな自分になるために、トライ&エラーを繰り返していくのだと思うのです。

・人生というのは愉しむように設計されている。
・そのスイッチを入れるのが、断捨離。

一寸先は光!

「一寸先は闇」と言います。

一寸先、つまり未来は「闇」なのかと考えるととたんに気持ちが沈んでしまいますが、「闇」というのは「見えない」という意味であり、「一寸先のことは誰にもわからない」というのがこの諺《ことわざ》の言わんとするところ。

実際、未来のことは誰にもわかりません。未来はどんな人にもニュートラルにやってきます。

——断捨離をすれば、明るい未来が待っているか？

そうした「予測」めいた観点では断言できません。でも、こんなふうには言えます。**「信じて期待せず」。不安を手放して未来を信じることができれば、今を生きる私が活き活きしてきます。**そして未来は、その延長にあります。「きっと明るい未来があるはず……」という期待は執着。重いです。

——断捨離をすれば、いいことばかりが起こるようになるか？

必ずしもそうではありません。

「快・不快」を感知するセンサーが研《と》ぎすまされていくので、もしかするとこれまで以上に「不快」なことに敏感に反応するようになる人もいるかもしれません。と同時に、「快」への感受性も高まり、自分のことがよくわかるようになってきます。いずれにしても、自分が成長しているという実感は持てるのです。

日々、目の前のモノと対峙《たいじ》し、断捨離を継続していると、気づけば自分が歩んできた道のりが、螺旋《らせん》階段のようなものに感じられるはず。そう、一歩一歩、ほんの少しずつだけれど、成長しているのです。かつての自分とは、身を置いている「ゾーン」が変化していると言っていい。

たとえるなら、中学で解く因数分解と高校で解く因数分解が違うのと同じこと。ポジションが上がれば上がるほど、問題はより難解になる。その分、私たちの成長が試されますね。

新たなゾーンで、これまで以上に大変な問題にぶつかったとしても、俯瞰力が高まっている自分なら、今起こっていることがどういうことなのかを素早く考察することができます。問題に対し、どういう戦略を立て、どう解決していけばいいかを考えられる自分であれば、何が起ころうとも心配はいりません。

つまり、「未来に悪いことが起こらなければいいな……」と身を縮め、不運が訪れないことを願い続けるのではなく、あるいはその反動で、過剰に幸運を期待し念じ続けるのでもなく、**「何が起きても大丈夫な自分」「どんなことにも対処できる自分」**を培っていくのが断捨離なのです。

もはや、運もツキも関係ありません。

なぜなら、一寸先の闇を光に変えるのが断捨離だから。

そう、私たちはもともと、「一寸先の闇」を明るく照らし、光に変えていく力を持っているのだから。

・未来への期待や不安を手放して今の自分を信じる。

・すべてをあるがままに引き受け、何が起きても大丈夫な自分を培っていく。それが断捨離。

おわりに
——人生の変化のときに

思えば、どれだけの人生の変化に立ち会って来たことだろう。
それも加速度的な人生の変化に。

断捨離と縁を結び、結ばれる人々は、人生でなんらかの変化のときを迎えていることがほとんど。その変化を、本人が望んでいるのか、いないのかにかかわらず。あるいは、本人が意識しているのか、していないのかは定かではないのだけれど。

なんとなく抱え込んできた閉塞感や不全感の中、自分の人生の「これまで」を、まるで遠くを見るように振り返ったとき、人は、「これから」の人生の道程が、これまでと同じように続いていくことに違和感を覚えるのかもしれない。

私の人生、違う道を選べるのかもしれないと。

そして、その心許《こころもと》ないかぎりの可能性に自分を委ねたとき、人は断捨離に出逢う。

そんな気がしてならないのだけど。

出逢った後は勇気を出して。

出逢ったかぎりは覚悟して。

そんな勇気と覚悟が、私たちに「手放して」いくことの意味を繰り返し問いかけてくるかのよう。

「断つ」という手放し
「捨てる」という手放し
「離れる」という手放し

少しばかりの切なさと、いいえ、時に大きなつらさが伴う「手放す」ということ。

それでも、果敢にそれをやり続けていると、必ず人生は入れ替わる。

閉塞感は、解放感へと
不全感は、達成感へと

私は、そんな人たちに、たくさん出逢ってきた。
そうですね、そんな人たちとのたくさんの出逢いが、私自身にもさらなる変化の加速をもたらしてくれている。

断捨離の醍醐味《だいごみ》
人生の醍醐味

この醍醐味を、これからも存分に味わいつくしていこうと思う。
そう、もちろんたくさんの断捨離仲間とともに。

有難うございます。
あなたとのご縁に、いっぱいの感謝と愛を込めて。

2016年の春に寄せて。　やましたひでこ

50歳からラクになる 人生の断捨離

一〇〇字書評

切り取り線

購買動機（新聞、雑誌名を記入するか、あるいは○をつけてください）

- □ （　　　　　　　　　　　）の広告を見て
- □ （　　　　　　　　　　　）の書評を見て
- □ 知人のすすめで
- □ タイトルに惹かれて
- □ カバーがよかったから
- □ 内容が面白そうだから
- □ 好きな作家だから
- □ 好きな分野の本だから

●最近、最も感銘を受けた作品名をお書きください

●あなたのお好きな作家名をお書きください

●その他、ご要望がありましたらお書きください

住所	〒				
氏名		職業		年齢	
新刊情報等のパソコンメール配信を 希望する・しない	Eメール	※携帯には配信できません			

あなたにお願い

この本の感想を、編集部までお寄せいただけたらありがたく存じます。今後の企画の参考にさせていただきます。Eメールでも結構です。

いただいた「一〇〇字書評」は、新聞・雑誌等に紹介させていただくことがあります。その場合はお礼として特製図書カードを差し上げます。

前ページの原稿用紙に書評をお書きの上、切り取り、左記までお送り下さい。宛先の住所は不要です。

なお、ご記入いただいたお名前、ご住所等は、書評紹介の事前了解、謝礼のお届けのためだけに利用し、そのほかの目的のために利用することはありません。

〒一〇一-八七〇一
祥伝社黄金文庫編集長　吉田浩行
☎〇三（三二六五）二〇八四
ohgon@shodensha.co.jp

祥伝社ホームページの「ブックレビュー」からも、書けるようになりました。
http://www.shodensha.co.jp/bookreview/

祥伝社黄金文庫

50歳《さい》からラクになる 人生《じんせい》の断捨離《だんしゃり》

平成28年2月20日　初版第1刷発行

著　者　やましたひでこ

発行者　辻 浩明

発行所　祥伝社《しょうでんしゃ》

〒101－8701
東京都千代田区神田神保町3－3
電話　03（3265）2084（編集部）
電話　03（3265）2081（販売部）
電話　03（3265）3622（業務部）
http://www.shodensha.co.jp/

印刷所　堀内印刷

製本所　ナショナル製本

Printed in Japan　© 2016, Hideko Yamashita　ISBN978-4-396-31686-0 C0195

祥伝社黄金文庫

曽野綾子

完本 戒老録《かいろうろく》

この長寿社会で老年が守るべき一切を自己に問いかけ、すべての世代に提言する。晩年への心の指針。

曽野綾子

運命をたのしむ

すべてを受け入れ、少し諦め、思い詰めずに、見る角度を変える……生きていることがうれしくなる一冊！

曽野綾子

〈敬友録〉「いい人」をやめると楽になる

縛《しば》られない、失望しない、傷つかない、重荷にならない、疲れない〈つきあいかた〉。「いい人」をやめる知恵。

曽野綾子

〈安心録〉「ほどほど」の効用

失敗してもいい、言い訳してもいい、さぼってもいい、ベストでなくてもいい――息切れしない〈つきあい方〉。

曽野綾子

現代に生きる聖書

「聖書から、かく多くのもの。私は聖書によって自分を創られました。これほど画期的な変化はありませんでした」

曽野綾子

原点を見つめて

かくも凄まじい自然、貧しい世界があったのか。しかし、私たちは、そこから出発したのだ。

祥伝社黄金文庫

カワムラタマミ
からだはみんな知っている
10円玉1枚分の軽い「圧」で自然治癒力が動き出す！　本当の自分に戻るためのあたたかなヒント集。

小松　易
1日1分！　がんばらなくても幸せになれる　片づけルール
人気の「片づけ士」が習慣づくりのお手伝い！　自分のタイプを知って、「ゆるルール」をつくりましょう。

佐藤絵子
フランス人の贅沢《ぜいたく》な節約生活
いま〈あるもの〉だけでこんなにもエレガントに、幸せに暮らせる！　パリジェンヌの「素敵生活」のすすめ。

佐藤絵子
フランス人の手づくり恋愛生活
愛にルールなんてない。でも、世界に一つの〈オリジナル・ラブ〉はこんなにある！

佐藤絵子
フランス人の気持ちいい美容生活
わざわざ高級コスメを買わなくても、素敵なアイデアがこんなに！「素敵生活」のすすめ・第三弾。

佐藤絵子
フランス人の心地よいインテリア生活
実は狭いほうが、お金もかからず、楽しい。〈大きな深呼吸〉をさせてくれる部屋づくりをフランス人に学ぶ。

祥伝社黄金文庫

著者	タイトル	内容
金子由紀子	40歳からのシンプルな暮らしをラクに生きる自分整理術	スッキリ！ だけど贅沢なのはなぜ？ いらないモノがなくなったら、お部屋も心も晴れました。
沖 幸子	50過ぎたら、ものは引き算、心は足し算	「きれいなおばあちゃん」になるために。今から知っておきたい、体力と時間をかけない暮らしのコツ。
沖 幸子	50過ぎたら見つけたい人生の"落としどころ"	無理しない家事、人付き合い、時間使い……。年を重ねたからこそわかる、そこそこ"満足"な生き方のヒント。
ひすいこたろう 白駒妃登美	人生に悩んだら「日本史」に聞こう	秀吉、松陰、龍馬……偉人たちの発想の転換力とは？ 悩む前に読みたい、愛すべきご先祖様たちの人生訓。
安田 登	疲れない体をつくる「和」の身体作法	なぜ、能楽師は80歳でも現役でいられるのか？ 能楽師にしてロルファーの著者が教えるエクササイズ。
安田 登	ゆるめてリセット ロルフィング教室	一流アスリートやセレブが愛好する、画期的で科学的なボディワーク、ロルフィングを学んでラクになろう。